名詞(1)

JN048243

1 （　）内から最も適する語を選び，記号を○で囲みなさい。　(4点×3)

(1) Open your （ ア hand　イ mouth　ウ face) and say "Ah."

(2) Why were you late? Tell me the （ ア way　イ time　ウ reason).

(3) I'm happy to hear the （ ア news　イ movie　ウ internet).

2 次の単語の意味として適するものを下から選び，記号で答えなさい。　(4点×6)

(1) speech （　）　(2) police （　）　(3) job （　）

(4) culture （　）　(5) finger （　）　(6) map （　）

```
ア　(手の)指　　イ　警察　　ウ　演説，話すこと
エ　地図　　　　オ　文化　　カ　仕事
```

3 日本語の意味を表す英語を書きなさい。与えられた文字で始めること。　(5点×8)

(1) 空港　　　　（ a　　　　　　　）　(2) 種類　　　　（ k　　　　　　　）

(3) 建物　　　　（ b　　　　　　　）　(4) 皿　　　　　（ d　　　　　　　）

(5) 天気，天候　（ w　　　　　　　）　(6) 平和　　　　（ p　　　　　　　）

(7) 伝言　　　　（ m　　　　　　　）　(8) 質問　　　　（ q　　　　　　　）

4 日本文に合うように，（　）に適する語を入れなさい。　(6点×4)

(1) **壁**にかかっている絵を見てごらん。

Look at the picture on the （　　　　　　　）.

(2) **休暇**はどうでしたか。

How was your （　　　　　　　）?

(3) 私たちは**コンサート**へ行って，楽しい時を過ごしました。

We went to a （　　　　　　　） and had a good time.

(4) **昨夜**あなたは何時に寝ましたか。

What time did you go to bed **last** （　　　　　　　）?

得点UP

1 (2) 〈tell ＋人＋もの・こと〉で「(人)に(もの・こと)を話す」という意味。

4 (1) on は「(接触して)〜の上に」という意味。

START ○———　　　　　　　　　　　　　　　　　　　　　　　　　　　　　　GOAL

基本レベル英単語

名詞(2)

1 日本文に合うように，（　　）に適する語を入れなさい。　　　(4点×3)

(1) あの高い**建物**は何ですか。　　What's that tall （　　　　　　）?

(2) 何か**質問**はありますか。　　Do you have any （　　　　　　）?

(3) 私はサッカーの試合を見に**競技場**へ行きました。

I went to the （　　　　　　） to watch a soccer game.

2 次の単語の意味として適するものを下から選び，記号で答えなさい。　　(5点×6)

(1) math 　　（　　） (2) prize 　　（　　） (3) way 　　（　　）

(4) smartphone （　　） (5) temple 　（　　） (6) sugar 　（　　）

> ア　スマートフォン　　イ　賞　　　ウ　寺
> エ　道，方法　　　　　オ　砂糖　　カ　数学

3 日本語の意味を表す英語を書きなさい。与えられた文字で始めること。　(5点×8)

(1) 文化 　　　（ c 　　　　　） (2) 塩 　　　　（ s 　　　　　）

(3) 芸術，美術（ a 　　　　　） (4) 生命，生活（ l 　　　　　）

(5) 自然 　　　（ n 　　　　　） (6) 花 　　　　（ f 　　　　　）

(7) 目的 　　　（ p 　　　　　） (8) 橋 　　　　（ b 　　　　　）

4 （　　）に最も適する語を選び，記号を○で囲みなさい。　　(6点×3)

(1) I talked with my grandmother on the （　　） last night.

　　ア　television 　　イ　phone 　　ウ　clock

(2) I was washing the （　　） in the kitchen then.

　　ア　letters 　　イ　cars 　　ウ　dishes

(3) A : What （　　） of music do you like, Judy?

　　B : I like jazz.

　　ア　food 　　イ　kind 　　ウ　subject

得点UP
1 (2)前に any があることに注意。数えられる名詞の場合は**複数形**にする。
4 (3) jazz は「ジャズ」という意味。答えの文から「好きな音楽の種類」をたずねる文に。

月　　日

点

合格点：**80** 点／100 点

動詞(1)

1 次の動詞の過去形を書きなさい。　　　　　　　　　　　　　　(4点×7)

(1) speak　　(　　　　　　)　　(2) say　　(　　　　　　)

(3) take　　(　　　　　　)　　(4) hear　　(　　　　　　)

(5) have　　(　　　　　　)　　(6) go　　(　　　　　　)

(7) make　　(　　　　　　)

2 (　　)に適する語を下から選んで入れなさい。必要ならば適する形にかえること。
　　　　　　　　　　　　　　　　　　　　　　　　(6点×5)

(1) I (　　　　　　) a book from him.　　(私は彼から本を借りました。)

(2) (　　　　　　) me a glass of water. (私に水をコップ1杯持ってきて。)

(3) I'm (　　　　　　) English.　　(私は英語を習っています。)

(4) Did he (　　　　　　) a job?　　(彼は仕事を見つけましたか。)

(5) (　　　　　　) this ball.　　(このボールを捕りなさい。)

[　find　　bring　　borrow　　learn　　catch　]

3 日本文に合うように，(　　)に適する語を入れなさい。　　(7点×6)

(1) どのように休暇を**過ごし**ましたか。

　How did you (　　　　　　) your vacation?

(2) 彼は試合に**勝ち**ましたか。　Did he (　　　　　　) the game?

(3) 私は2日前にロンドンに**到着しました**。

　I (　　　　　　) in London two days ago.

(4) サムはこの前の土曜日，おじさんを**訪ねました**。

　Sam (　　　　　　) his uncle last Saturday.

(5) 自転車のかぎをどこに**置き**ましたか。

　Where did you (　　　　　　) the bike key?

(6) 田中さんはよく海外を**旅行します**。

　Ms. Tanaka often (　　　　　　) abroad.

得点UP

❸ (1)「(お金を)使う，費やす」という意味もある。
　　(2)「(試合やコンテストなどに)勝つ」という意味のほか，「(賞を)獲得する」という意味もある。

動詞(2)

1 次の動詞の過去形を書きなさい。 (6点×6)

(1) give （　　　　　　） (2) write （　　　　　　）

(3) leave （　　　　　　） (4) come （　　　　　　）

(5) tell （　　　　　　） (6) think （　　　　　　）

2 （　　）に適する語を下から選んで入れなさい。必要ならば適する形にかえること。 (6点×4)

(1) I （　　　　　　） a letter. （私は手紙を受け取りました。）

(2) Don't （　　　　　　）. （心配しないで。）

(3) Sam, （　　　　　　） the ball. （サム，ボールを投げて。）

(4) He （　　　　　　） the door. （彼はドアを閉めました。）

〔　close　　　worry　　　throw　　　receive　〕

3 日本文に合うように，（　　）に適する語を入れなさい。 (6点×2)

(1) 彼らは家を**建て**ましたか。　Did they （　　　　　　） a house?

(2) 私は彼の名前を**覚えています**。I （　　　　　　） his name.

4 （　　）に最も適する語を選び，記号を○で囲みなさい。 (7点×4)

(1) *A :* How did you （　　） your winter vacation?

　　B : I visited Hawaii. I had a good time there.

　　　ア　go　　　　　　イ　take　　　　　ウ　spend

(2) Kate （　　） a good speech at the contest.

　　　ア　made　　　　　イ　told　　　　　ウ　lived

(3) Jim （　　） with his aunt in Seattle for a week.

　　　ア　saw　　　　　　イ　stayed　　　　ウ　became

(4) It （　　） about an hour from my house to the airport.

　　　ア　got　　　　　　イ　visited　　　　ウ　took

得点UP

❸ (1)「(建物を)建てる」という場合のほか，「(橋，船などを)つくる」という場合にも使う。
　　(2)ほかに，「思い出す，忘れずに〜する」という意味もある。

基本レベル英単語

形容詞・副詞(1)

1 日本文に合うように，（　）に適する語を入れなさい。　(4点×3)

(1) 何か**ほかの**考えはありますか。Do you have any （　　　　　） ideas?

✎(2) 私はスペイン語が**少し**話せます。I can speak a （　　　　　） Spanish.

(3) 姉はロック**しか**聞きません。　My sister （　　　　　） listens to rock.

2 次の単語の意味として適するものを下から選び，記号で答えなさい。　(5点×8)

(1) dark　　（　　）　(2) left　　（　　）　(3) early　　（　　）

(4) popular　（　　）　(5) glad　　（　　）　(6) different　（　　）

(7) light　　（　　）　(8) really　（　　）

```
ア  うれしい      イ  人気のある     ウ  早い，早く    エ  暗い
オ  異なった      カ  軽い，明るい    キ  左の，左に     ク  本当に
```

3 日本語の意味を表す英語を書きなさい。与えられた文字で始めること。　(5点×6)

(1) 重い　　　　（ h　　　　　）　✎(2) ゆっくりと　（ s　　　　　）

(3) 右の，右に　（ r　　　　　）　(4) 役に立つ　　（ u　　　　　）

(5) お気に入りの（ f　　　　　）　(6) 外国へ　　　（ a　　　　　）

4 （　）に最も適する語を選び，記号を○で囲みなさい。　(6点×3)

(1) A : When did Jane come to Japan?

　　B : She came to Japan three years （　　）.

　　　ア ago　　　　　イ again　　　　ウ still

(2) This question is too （　　）. I can't answer it.

　　　ア difficult　　イ interesting　　ウ careful

(3) It was very （　　） today, so we couldn't swim in the pool.

　　　ア cold　　　　イ delicious　　　ウ kind

✎ 得点UP

1 (2)量や程度が「少しの，わずかな」という意味。a がつかないと，「少ししかない，ほとんどない」という意味になる。

3 (2)「スピードが遅く，ゆっくりと」という意味。fast や quickly とは反対の意味になる。

名詞(3)

1 （　）に適する語を下から選んで入れなさい。必要ならば適する形にかえること。
(4点×3)

(1) How many （　　　　　　） do you see on the bench?

(2) Brush your （　　　　　） after every meal.

(3) Meg has a lot of （　　　　　）, for example, drawing and fishing.

[tooth　　leaf　　hobby]

2 次の単語の意味として適するものを下から選び，記号で答えなさい。 (5点×6)

(1) airport （　） (2) stadium （　） (3) tourist （　）

(4) floor （　） (5) hand （　） (6) east （　）

[ア 東　イ 空港　ウ 競技場
エ 手　オ 観光客　カ 床, 階]

3 日本語の意味を表す英語を書きなさい。与えられた文字で始めること。 (5点×8)

(1) (人・動物の)脚 （l　　　） (2) 腕 （a　　　）

(3) 天気, 天候 （w　　　） (4) 庭, 庭園 （g　　　）

(5) 警察 （p　　　） (6) (病気の)かぜ （c　　　）

(7) 夢 （d　　　） (8) 理由 （r　　　）

4 （　）に最も適する語を選び，記号を○で囲みなさい。 (6点×3)

(1) We won first （　） in the singing contest.

　　ア corner　　イ trip　　ウ prize

(2) Fall is my favorite （　）.

　　ア month　　イ season　　ウ holiday

(3) A : What's the （　） of your visit?

　　B : Sightseeing.

　　ア purpose　　イ job　　ウ place

得点UP
❸ (1)太ももの付け根から足首までを指す。足首から先の部分は foot という。
❹ (3)入国審査で，旅行者が係官から聞かれる表現。sightseeing は「観光」という意味。

代名詞(1)

1 （　）に適する代名詞を入れて，正しい英文を完成しなさい。　(6点×5)

(1) Were you and Tom playing tennis? — Yes, （　　　　　） were.

(2) I have some friends in Canada. I like all of （　　　　　）.

(3) How far is （　　　　　） from here to the park?

(4) （　　　　　） is ten o'clock in the morning.

(5) I have a brother. I often play video games with （　　　　　）.

2 日本文に合うように，（　）に適する語を下から選んで入れなさい。　(7点×6)

(1) **だれも**彼女を知りま**せん**。　　**No** （　　　　　） knows her.

(2) この本は**彼女のもの**です。　　This book is （　　　　　）.

(3) 彼は**何も**言いま**せん**でした。　He said （　　　　　）.

(4) **だれか**ここにいますか。　　Is （　　　　　） here?

(5) 向こうに**何か**見えました。　I saw （　　　　　） over there.

(6) 彼は車を2台持っています。**1台**は赤で，**もう1台**は青です。

He has two cars. **One** is red, and **the** （　　　　　） is blue.

[anyone　hers　one　nothing　something　other]

3 （　）に最も適する語を選び，記号を○で囲みなさい。　(7点×4)

(1) The people in the village were very kind to （　　）.

　　ア we　　　　イ our　　　　ウ us

(2) We helped each （　　） and finished the work at last.

　　ア some　　　イ other　　　ウ another

(3) Ben lost his umbrella, so he had to get a new （　　）.

　　ア it　　　　イ one　　　　ウ some

(4) I don't like this hat. Can you show me （　　）?

　　ア someone　　イ other　　　ウ another

得点UP　**1** (4)時刻を表す文で主語として使われる語。o'clock は「〜時（ちょうど）」という意味。
　　　　2 (3)動詞が否定の形になっていないことに注意。1語で否定の意味を表す語。

形容詞・副詞(2)

1 （　）内から適する語をアとイから選び，記号を○で囲みなさい。　(4点×3)

(1) Japanese movies are （ ア interesting　 イ interested ） to me.

(2) I saw Josh at the station an hour （ ア ago　 イ before ）.

(3) It's （ ア until　 イ still ） raining outside.

2 次の単語の意味として適するものを下から選び，記号で答えなさい。　(5点×6)

(1) exactly　（　）　(2) scared （　）　(3) enough （　）

(4) expensive （　）　(5) angry （　）　(6) cheap　 （　）

```
ア  怒った       イ  安価な     ウ  十分な[に]
エ  こわがった    オ  高価な     カ  正確に，ちょうど
```

3 日本語の意味を表す英語を書きなさい。与えられた文字で始めること。　(5点×6)

(1) 実際には　（ a　　　　　 ）　(2) 雨降りの　　　（ r　　　　　　 ）

(3) 強い　　　（ s　　　　　 ）　(4) くもった　　　（ c　　　　　　 ）

(5) きのう(は)　（ y　　　　　 ）　(6) わくわくさせる（ e　　　　　　 ）

4 日本文に合うように，（　）に適する語を入れなさい。　(7点×4)

✐(1) **そんな**ばかげた質問をしないで。

Don't ask （　　　　　　 ） a silly question.

✐(2) 健太はギターをひきます。彼はピアノ**も**ひきます。

Kenta plays the guitar. He （　　　　　　 ） plays the piano.

(3) このケーキは私には甘**すぎ**ます。

This cake is （　　　　　 ） sweet for me.

(4) 私はそのとき**たった**200円**しか**持っていませんでした。

I had （　　　　　　 ） two hundred yen then.

❹ (1) silly は「おろかな，ばかげた」という意味。
(2)「～もまた」を表す語には too もあるが，too はふつう文の最後で使う。

得点UP

熟語(1)・会話表現（電話）

1 次の英文の意味として適するものを下から選び，記号で答えなさい。 (5点×4)

(1) Thank you for calling. （　　） (2) What's up? （　　）

(3) You have the wrong number. （　　） (4) Just a minute. （　　）

> ア　どうしているの？ 　　　イ　少しお待ちください。
> ウ　電話をありがとう。 　　　エ　番号がまちがっていますよ。

2 電話で使われる表現になるように，（　　）に適する語を入れなさい。 (6点×4)

(1) 切る　hang （　　　　　） (2) 切らずに待つ（　　　　　）on

(3) かけ直す（　　　　　）back

(4) 伝言を残す（　　　　　）a message

3 日本語に合うように，（　　）に適する語を右から選んで入れなさい。 (7点×4)

(1) ある日 （　　　　　）day

(2) 今すぐ （　　　　　）now

(3) ドアの前に in （　　　　　）of the door

(4) 健もトムも両方とも （　　　　　）Ken and Tom

> both
> front
> right
> one

4 （　　）に最も適する語を選び，記号を○で囲みなさい。 (7点×4)

(1) This temple is famous （　　） its garden.

　　ア　at 　　　　イ　for 　　　　ウ　from

(2) Your idea is different （　　） mine.

　　ア　from 　　　イ　with 　　　ウ　of

(3) May I （　　） to Judy?

　　ア　say 　　　イ　speak 　　　ウ　tell

(4) A lot of volunteers are working all （　　） the world.

　　ア　under 　　　イ　along 　　　ウ　over

得点UP

2 (4)「伝言を受ける[預かる]」は take a message という。
3 (3)反対の意味を表す語は behind。

月　日

点

合格点：80 点／100 点

まとめテスト(1)

1 次の単語の意味として適するものを下から選び，記号で答えなさい。　(4点×8)

(1) flower 　(　　) 　(2) nature 　(　　) 　(3) reason 　(　　)

(4) peace 　(　　) 　(5) culture 　(　　) 　(6) strong 　(　　)

(7) popular 　(　　) 　(8) useful 　(　　)

> ア　文化　　　イ　理由　　ウ　自然　　エ　花
> オ　人気のある　カ　強い　　キ　平和　　ク　役に立つ

2 次の語と反対の意味または対になる英語を書きなさい。与えられた文字で始めること。　(5点×6)

(1) heavy 　(l 　　　　) 　(2) left 　(r 　　　　)

(3) cheap 　(e 　　　　) 　(4) late 　(e 　　　　)

(5) dark 　(l 　　　　) 　(6) lend 　(b 　　　　)

3 日本文に合うように，(　　)に適する語を入れなさい。　(5点×4)

(1) 私は海外旅行をしました。　I traveled (　　　　　　　).

(2) 由美は手紙を書きました。　Yumi (　　　　　　) a letter.

(3) 私に水を持ってきてくれますか。

　Can you (　　　　　　) me some water?

(4) トムはその門の前で待っていました。

　Tom was waiting in (　　　　　) (　　　　　　) the gate.

4 (　　)に最も適する語を選び，記号を○で囲みなさい。　(6点×3)

(1) What (　　) of sport do you like? — I like winter sports.

　　ア　purpose　　　イ　way　　　　ウ　kind

(2) Mr. Brown (　　) in Tokyo last week.

　　ア　went　　　イ　arrived　　　ウ　left

(3) We looked at each (　　) and smiled.

　　ア　another　　　イ　other　　　ウ　some

名詞(4)

1 日本文に合うように，（　　）に適する語を入れなさい。 (4点×3)

(1) この**単語**の意味は何ですか。 What does this (　　　　　) mean?

(2) 私は紙で**指**を切りました。 I cut my (　　　　　) with paper.

(3) 私はその車を300万円で買いました。

I bought the car for three (　　　　　) yen.

2 次の単語の意味として適するものを下から選び，記号で答えなさい。 (5点×8)

(1) future (　　) 　(2) moon (　　) 　(3) gift (　　)

(4) actor (　　) 　(5) movie (　　) 　(6) leaf (　　)

(7) horse (　　) 　(8) forest (　　)

> ア （木の）葉　　イ 森　　ウ 映画　　エ 将来，未来
> オ （天体の）月　　カ 馬　　キ 俳優　　ク 贈り物

3 日本語の意味を表す英語を書きなさい。与えられた文字で始めること。 (5点×6)

(1) お金 （m　　　　） 　(2) 太陽 （s　　　　）

(3) 雲 （c　　　　） 　(4) もの，こと （t　　　　）

(5) 空気 （a　　　　） 　(6) 娘 （d　　　　）

4 （　　）に最も適する語を選び，記号を○で囲みなさい。 (6点×3)

(1) I usually watch the (　　) on TV in the morning.

　　ア news　　　　イ magazine　　　ウ music

(2) A : How was the (　　) in Fukuoka today?

　　B : It was rainy.

　　ア problem　　　イ weather　　　ウ date

(3) I'm lost. Where am I on this (　　)?

　　ア computer　　　イ map　　　　ウ history

得点UP
1　(3)複数を表す数が前にあるときでも複数形にしない。
2　(6) leaf の複数形は **leaves** となる。

名詞(5)

1 次の名詞の複数形を書きなさい。　(4点×4)

(1) child （　　　　）　(2) man （　　　　）

(3) woman （　　　　）　(4) foot （　　　　）

2 次の単語の意味として適するものを下から選び，記号で答えなさい。　(5点×6)

(1) engineer （　）　(2) pollution （　）　(3) bank （　）

(4) line （　）　(5) person （　）　(6) bath （　）

```
ア　ふろ，浴室　　イ　汚染　　　　ウ　銀行
エ　人，個人　　　オ　技師，技術者　カ　線
```

3 日本語の意味を表す英語を書きなさい。与えられた文字で始めること。　(6点×6)

(1) 切符 （t　　　）　(2) 病院 （h　　　）

(3) 医師 （d　　　）　(4) 村 （v　　　）

(5) 切手 （s　　　）　(6) 標識，表示 （s　　　）

4 （　）に最も適する語を選び，記号を○で囲みなさい。　(6点×3)

(1) A : It's sunny today.

B : Yes.　There are no clouds in the （　　）.

ア　sea　　　イ　sky　　　ウ　forest

(2) My father always watches （　　）after dinner.

ア　prizes　　イ　dishes　　ウ　movies

(3) A : Excuse me.　Where is the city hall?

B : It's a long way from here.　I'll draw a （　　）for you.

ア　map　　　イ　letter　　ウ　message

得点UP

❶ いずれも不規則に変化する名詞。名詞の複数形は，ふつう語尾に s，または es をつけてつくる。

❷ (3) bank にはほかに，「川岸，土手」という意味もある。

動詞(3)

1 次の動詞の過去形を書きなさい。　　　　　　　　　　(6点×6)

(1) teach 　　（　　　　　　　）　　(2) catch 　　（　　　　　　　）

(3) find 　　（　　　　　　　）　　(4) run 　　（　　　　　　　）

(5) send 　　（　　　　　　　）　　(6) put 　　（　　　　　　　）

2 （　　）に適する語を下から選んで入れなさい。必要ならば適する形にかえること。
　　　　　　　　　　(6点×3)

(1) I didn't （　　　　　　　） him.　（私は彼の言うことがわかりませんでした。）

(2) He （　　　　　　　） stamps.　（彼は切手を集めています。）

(3) It （　　　　　　　） a lot.　（たくさん雨が降りました。）

　　　　　　　[　collect　　rain　　understand　]

3 日本文に合うように，（　　）に適する語を入れなさい。　　(6点×3)

(1) 大阪で電車を**乗りかえなさい**。（　　　　　　　） trains at Osaka.

(2) 彼はさくを**跳びこえました**。　He （　　　　　　　） over the fence.

(3) 右手を**あげなさい**。　　（　　　　　　　） your right hand.

4 （　　）に最も適する語を選び，記号を○で囲みなさい。　　(7点×4)

(1) I （　　） Jun at the park yesterday.　He was running there.
　　　ア heard　　　　イ saw　　　　ウ spoke

(2) I'm going to （　　） about Japanese culture.
　　　ア say　　　　イ listen　　　　ウ talk

(3) Ten years ago, there （　　） a large house here.
　　　ア is　　　　イ was　　　　ウ were

(4) Ben （　　） a bad cold, so he was absent from school.
　　　ア had　　　　イ took　　　　ウ did

得点UP

2　(2)「（注意深く選んで）集める，（趣味・研究で）収集する」という場合に使う。
4　(2) be going to ～ は「～するつもりです」という意味。

基本レベル英単語

動詞(4)

1 次の動詞の過去形を書きなさい。　　　　　　　　　　　　　　　(6点×6)

(1) fall 　　(　　　　　　)　　(2) understand 　(　　　　　　)

(3) throw 　(　　　　　　)　　(4) bring 　　(　　　　　　)

(5) win 　　(　　　　　　)　　(6) hold 　　(　　　　　　)

2 (　　)に適する語を下から選んで入れなさい。必要ならば適する形にかえること。
　　　　　　　　　　　　　　　　　　　　　　　　　　　(6点×3)

(1) A bird is (　　　　　　). 　　　　(鳥が飛んでいます。)

(2) Please (　　　　　　) me. 　　　(私について来てください。)

(3) What (　　　　　)? 　　　　　　(何が起こったのですか。)

[　follow　　fly　　happen　]

3 日本文に合うように，(　　)に適する語を入れなさい。　(6点×3)

(1) あなたがカップを**割った**の？　Did you (　　　　　　) the cup?

(2) 彼は試合に**負け**ました。　　He (　　　　　　) the game.

(3) 私は山に**登る**つもりです。　I'm going to (　　　　　) a mountain.

4 (　　)に最も適する語を選び，記号を○で囲みなさい。　(7点×4)

(1) My dog (　　) in 2015, but I remember him well.

　　ア felt 　　　イ died 　　　ウ finished

(2) Meg likes animals. She especially (　　) cats.

　　ア hates 　　　イ has 　　　ウ loves

(3) I (　　) a book from Jane. It was very interesting.

　　ア borrowed 　　イ gave 　　　ウ watched

(4) A : I heard Ann had a cold. Is she OK?

　　B : Don't (　　). She says she feels better now.

　　ア happen 　　イ sleep 　　　ウ worry

得点UP
3 (2)「失う，なくす」という意味もある。
4 (4) feel better は「気分がよくなったと感じる」という意味。

前置詞・接続詞(1)

1 （　　）に適する語を右から選んで入れなさい。同じ語は2度使えません。 (6点×7)

(1) Yumi is just （　　　　） her mother.

(2) We left there （　　　　） May 10.

(3) A plane flew （　　　　） the clouds.

(4) Ken wrote a letter （　　　　） a pen.

(5) I enjoyed swimming （　　　　） my vacation.

(6) She practiced the piano （　　　　） an hour.

(7) Meg got the DVD （　　　　） that store.

at
above
during
for
like
on
with

2 日本文に合うように，（　　）に適する語を入れなさい。 (6点×5)

✎(1) 彼は彼ら**の間で**人気があります。 He's popular （　　　　） them.

(2) 彼女は9時**から**5時**まで**働きます。 She works （　　　　） nine **to** five.

(3) 私はかばんを机**の下に**置きました。 I put my bag （　　　　） the desk.

(4) 私は彼女が正しい**と**思います。 I think （　　　　） she's right.

(5) 私は絵美**と**健**の間に**すわりました。 I sat （　　　　） Emi **and** Ken.

3 （　　）に最も適する語を選び，記号を○で囲みなさい。 (7点×4)

(1) I'm sure （　　） they will win the game.

　　ア　because　　イ　or　　　　ウ　that

✎(2) Please come and see me （　　） you have time.

　　ア　before　　イ　if　　　　ウ　that

(3) （　　） I'm very tired, I have to go out.

　　ア　Though　　イ　When　　ウ　After

(4) Columbus arrived in America （　　） 1492.

　　ア　at　　　　イ　on　　　　ウ　in

✎ 得点UP

2 (1)「3人[3つ]以上の間で」という場合に使う語。

3 (2) come and see は「会いに来る」という意味。

基本レベル英単語

形容詞・副詞(3)

月　　　日

点

合格点：80 点／100 点

1 日本文に合うように，(　　)に適する語を入れなさい。　　(4点×3)

(1) 彼は雨の日で**さえ**走ります。　He runs (　　　　　　) on rainy days.

(2) 外は**まだ**雪が降っていますか。　Is it (　　　　　　) snowing outside?

(3) メグは私を見て**驚いた**ようでした。　Meg looked (　　　　　　) to see me.

2 次の単語の意味として適するものを下から選び，記号で答えなさい。　(5点×8)

(1) bright (　　)　(2) safe (　　)　(3) alone (　　)

(4) weak (　　)　(5) sad (　　)　(6) quiet (　　)

(7) full (　　)　(8) dangerous (　　)

> ア　いっぱいの　　　イ　静かな　　ウ　危険な　　エ　１人で
> オ　輝いている，明るい　カ　安全な　　キ　悲しい　　ク　弱い

3 日本語の意味を表す英語を書きなさい。与えられた文字で始めること。　(5点×6)

(1) 疲れた　(t　　　　　)　(2) 遠くに，遠い　(f　　　　　)

(3) 悪い　(b　　　　　)　(4) 明日(は)　(t　　　　　)

(5) 次の　(n　　　　　)　✐(6) 短い　(s　　　　　)

4 (　　)に最も適する語を選び，記号を○で囲みなさい。　(6点×3)

(1) I don't have (　　) money right now.

　　ア　much　　　イ　lot　　　　ウ　many

✐(2) A : Come on, Mary. Dinner is (　　).

　　B : OK, Mom. I'm coming.

　　ア　ready　　　イ　interesting　　ウ　enough

(3) I think baseball is a very (　　) sport.

　　ア　excited　　イ　exciting　　ウ　interested

得点UP　**3** (6)反対の意味を表す語は long (長い)。

4 (2) I'm coming. は話し手の方へ「**行きます**」と言うときに使う。

名詞⑹

1 日本文に合うように，（　　）に適する語を入れなさい。 (4点×3)

(1) この村は**自然**が豊かです。 This village is rich in （　　　　　　）.

(2) **注意**してこの箱を運びなさい。 Carry this box with （　　　　　　）.

(3) この**部分**を読みなさい，ビル。 Read this （　　　　　　）, Bill.

2 次の単語の意味として適するものを下から選び，記号で答えなさい。 (5点×8)

(1) energy （　　） (2) accident （　　） (3) place （　　）

(4) fire （　　） (5) million （　　） (6) museum （　　）

(7) shoe （　　） (8) island （　　）

| ア 事故 | イ 博物館，美術館 | ウ エネルギー | エ 島 |
| オ 火，火事 | カ 場所 | キ くつ | ク 100万 |

3 日本語の意味を表す英語を書きなさい。与えられた文字で始めること。 (5点×6)

(1) 山 （ m　　　　） (2) 角 （ c　　　　）
かど

(3) 意見 （ o　　　　） (4) 戦争 （ w　　　　）

(5) ドル （ d　　　　） (6) 半分 （ h　　　　）

4 （　　）に最も適する語を選び，記号を○で囲みなさい。 (6点×3)

(1) *A：*How many （　　） do you have, Ms. White?

*B：*I have two, a son and a daughter.

　　ア brothers　　イ sisters　　ウ children

(2) *A：*I have two （　　） for the movie. Do you want to come
with me?

*B：*Sure. I'd love to.

　　ア tickets　　イ stamps　　ウ cards

(3) They are building a new （　　） over the river.

　　ア beach　　イ bridge　　ウ forest

得点UP

1 ⑵ほかに「世話，手入れ」という意味もある。
3 ⑹「（競技などの）前半，後半」という意味もある。

動詞(5)

1 次の動詞の過去形を書きなさい。 (5点×6)

(1) fly （　　　　） (2) break （　　　　）
(3) lose （　　　　） (4) begin （　　　　）
(5) sing （　　　　） (6) read （　　　　）

2 （　）に適する語を下から選んで入れなさい。 (6点×4)

(1) These trees （　　　　） quickly. （これらの木はすぐに大きくなります。）
(2) Do you （　　　　） in ghosts? （あなたはゆうれいを信じていますか。）
(3) I'll （　　　　） you this DVD. （あなたにこのDVDを貸しましょう。）
(4) Did he （　　　　） up early? （彼は早く目が覚めましたか。）

[believe　　lend　　grow　　wake]

3 日本文に合うように，（　）に適する語を入れなさい。 (6点×3)

(1) 最初の角を左に**曲がり**なさい。（　　　　） left at the first corner.
(2) 私はきのう本を1冊**買いました**。I （　　　　） a book yesterday.
(3) 私にメールを**送って**ください。Please （　　　　） me an e-mail.

4 （　）に最も適する語を選び，記号を○で囲みなさい。 (7点×4)

(1) Jim （　） that he was tired.
　ア spoke　　イ talked　　ウ said
(2) Jane spoke English very fast, so I couldn't （　） her.
　ア see　　イ understand　　ウ know
(3) We （　） the game at last. We were very happy.
　ア won　　イ planted　　ウ listened
(4) Akira （　） for London yesterday.
　ア went　　イ left　　ウ visited

得点UP

2 (4)反対の意味を表す語は sleep（眠る）。
4 (1)空所のあとの that は「～ということ」という意味で，よく省略される。

基本レベル英単語

熟語(2)・会話表現（許可・依頼）

月　　　日

点

合格点：**80** 点／100 点

1 次の英文の意味として適するものを下から選び，記号で答えなさい。 (6点×4)

(1) May I come in?　(　　)　(2) Could you open the door?　(　　)

(3) Shall I open the door?　(　　)　(4) May I ask you a favor?　(　　)

> **ア** お願いがあるのですが。　　**イ** ドアを開けてもらえますか。
> **ウ** 入ってもいいですか。　　**エ** ドアを開けましょうか。

2 日本文に合うように，（　　）に適する語を入れなさい。 (6点×6)

(1) 私は**最善をつくし**ます。 I'll **do my** (　　　　　　　　).

(2) 私たちは**長い間**待ちました。We waited (　　　　　　) **a long time.**

(3) 私は**初めて**彼に会いました。I met him **for the** (　　　　　　) **time.**

(4) そこで電車を**降り**なさい。 **Get** (　　　　　　) the train there.

(5) 私たちは**互いに**顔を見ました。We looked at **each** (　　　　　　).

(6) これはくだもの**の一種**です。 This is **a** (　　　　) **of fruit.**

3 （　　）に最も適する語を選び，記号を○で囲みなさい。 (8点×5)

(1) I (　　) to go now. I have a lot of homework today.

　　ア have　　　**イ** should　　　**ウ** must

(2) We're (　　) to visit Kyoto next week.

　　ア having　　　**イ** going　　　**ウ** doing

(3) What do you think (　　) this plan?

　　ア in　　　**イ** with　　　**ウ** about

(4) There were a (　　) children in the park.

　　ア little　　　**イ** lot　　　**ウ** few

(5) I waited (　　) Kumi in front of the station.

　　ア of　　　**イ** for　　　**ウ** from

得点UP
① 許可を求める文や依頼の文には，Sure. / OK. / All right.（いいですよ。わかりました。）などで答える。
② (6)「種類」という意味を表す語を使う。

1 次の単語の意味として適するものを下から選び，記号で答えなさい。 (5点×6)

(1) opinion 　（　　） (2) leaf 　（　　） (3) village 　（　　）

(4) accident （　　） (5) bad 　（　　） (6) weak 　（　　）

　　　ア　弱い　　　　イ　村　　　　ウ　悪い
　　　エ　(木の)葉　　オ　事故　　　カ　意見

2 日本語の意味を表す英語を書きなさい。与えられた文字で始めること。 (5点×4)

(1) 明日(は) （t　　　　　　） (2) 危険な 　（d　　　　　　）

(3) エネルギー （e　　　　　　） (4) 火，火事 （f　　　　　　）

3 日本文に合うように，（　　）に適する語を入れなさい。 (5点×4)

(1) 私はコップを割りました。　I（　　　　　　）a glass.

(2) アンは日本語がわかりますか。Does Ann（　　　　　　）Japanese?

(3) 品川で電車を乗りかえなさい。（　　　　　　）trains at Shinagawa.

(4) 来月会いましょう。　　　　See you（　　　　　　）month.

4 （　　）に最も適する語を選び，記号を○で囲みなさい。 (6点×5)

(1) I didn't have enough （　　）, so I couldn't buy the camera.
　　　ア　pictures　　イ　letters　　　ウ　money

(2) The bank is （　　） the city hall and the bookstore.
　　　ア　among　　イ　between　　ウ　into

(3) What are you going to do （　　） the summer vacation?
　　　ア　during　　イ　among　　ウ　with

(4) I have a （　　） friends in Australia.
　　　ア　some　　　イ　few　　　ウ　little

(5) Tom saw a koala （　　） the first time.
　　　ア　in　　　　イ　on　　　　ウ　for

重要レベル英単語

名詞(7)

月　日

点

合格点：**80**点／100点

1 日本文に合うように，（　　）に適する語を入れなさい。 (4点×3)

(1) 彼女は私の**いとこ**です。　She is my（　　　　　　　）.

(2) あの美しい**湖**を見て。　Look at that beautiful（　　　　　　　）.

(3) 私は**宇宙**旅行がしたいです。I want to travel in（　　　　　　　）.

2 次の単語の意味として適するものを下から選び，記号で答えなさい。 (5点×8)

(1) meaning （　） (2) part （　） (3) history （　）

(4) medicine （　） (5) company （　） (6) center （　）

(7) temperature （　） (8) college （　）

| ア 歴史 | イ 中心 | ウ 温度 | エ 部分，一部 |
| オ 意味 | カ 薬 | キ 会社 | ク 大学 |

3 日本語の意味を表す英語を書きなさい。与えられた文字で始めること。 (5点×6)

(1) 親 （p　　　　） (2) 座席 （s　　　　）

(3) (病気の)熱 （f　　　　） (4) 乗客 （p　　　　）

(5) 風 （w　　　　） (6) ながめ （v　　　　）

4 （　　）に最も適する語を選び，記号を○で囲みなさい。 (6点×3)

(1) I went to the（　　）with Bob and played baseball there.

ア sign 　　イ stadium 　　ウ society

(2) （　　）of the oranges were bad.

ア Kind 　　イ Half 　　ウ Place

(3) A : Excuse me. Could you tell me the（　　）to the station?

B : Sure. Go down this street and turn left at the third corner.

ア way 　　イ map 　　ウ purpose

得点UP

3 (1)複数形なら「**両親**」という意味。

4 (3)道順をたずねるときの表現。この down は「(道など)を通って，に沿って」という意味。

START　　　　　　　　　　　　　　　　　　　　　　　GOAL

重要レベル英単語

名詞(8)

月　　日

点

合格点：80点／100点

1 日本文に合うように，（　　）に適する語を入れなさい。 (4点×3)

(1) 日本は**島**国です。　　　　Japan is an （　　　　　　） country.

(2) 私たちは**社会**の一員です。We are members of （　　　　　　）.

(3) その**戦争**は2年間続きました。The （　　　　　　） lasted for two years.

2 次の単語の意味として適するものを下から選び，記号で答えなさい。 (5点×8)

(1) gesture （　　）　(2) century 　　（　　）　(3) voice （　　）

(4) space 　（　　）　(5) key 　　　　（　　）　(6) roof 　（　　）

(7) cousin 　（　　）　(8) post office （　　）

> ア　身振り　　　イ　世紀　　　ウ　屋根　　　エ　いとこ
> オ　郵便局　　　カ　かぎ　　　キ　声　　　　ク　宇宙，空間

3 日本語の意味を表す英語を書きなさい。与えられた文字で始めること。 (5点×6)

(1) 道路　　　（ r　　　　　　）　(2) 世界　　　（ w　　　　　　）

(3) 心臓，心 （ h　　　　　　）　(4) 国　　　　（ c　　　　　　）

(5) 競技場　 （ s　　　　　　）　(6) 地球　　　（ e　　　　　　）

4 （　　）に最も適する語を選び，記号を○で囲みなさい。 (6点×3)

(1) The （　　） from the mountain was very beautiful.

　　ア　view　　　　イ　place　　　　ウ　peace

(2) A : Are you interested in （　　）, John?

　　B : Yes.　I sometimes go to the museum to see paintings.

　　ア　sports　　　イ　music　　　　ウ　art

(3) A : I feel sick.

　　B : Are you all right?　You should see a （　　）.

　　ア　engineer　　イ　actor　　　　ウ　doctor

得点UP

3 (1)ふつう，車が通るような大きな道を指す。両側に建物が並ぶ市街地の通りには street を使う。

4 (3) feel sick は「気分が悪い」という意味。

1 （　）に適する語を下から選んで入れなさい。必要ならば適する形にかえること。

(6点×6)

(1) Tom （　　　　　） happy. （トムはうれしそうに見えます。）

(2) Can you （　　　　　）? （あなたは想像できますか。）

(3) I'll （　　　　　） you this book. （私はあなたにこの本をあげましょう。）

(4) I （　　　　　） with you. （私はあなたの意見に賛成です。）

(5) That （　　　　　） interesting. （それはおもしろそうに聞こえますね。）

(6) I （　　　　　） good. （私はいい気分です。）

[agree　　feel　　give　　imagine　　look　　sound]

2 日本文に合うように，（　）に適する語を入れなさい。

(6点×6)

(1) 質問してもいいですか。　Can I （　　　　　） you a question?

(2) その写真を見せてください。Please （　　　　　） me the picture.

(3) あなたの家族について話して。（　　　　　） me about your family.

(4) 健はボールを打ちましたか。Did Ken （　　　　　） the ball?

(5) 彼はよい医師になるでしょう。He'll （　　　　　） a good doctor.

(6) 私は馬に乗りたい。　　　I want to （　　　　　） a horse.

3 （　）に最も適する語を選び，記号を○で囲みなさい。

(7点×4)

(1) （　） up, Jim! You'll be late for school.

　　ア Hurry　　イ Worry　　ウ Put

(2) Go straight and （　） right at the first corner.

　　ア walk　　イ talk　　ウ turn

(3) I have to （　） my room before I go out.

　　ア clean　　イ cook　　ウ study

(4) The movie （　） at 10:30, but Kate didn't come in time.

　　ア watched　　イ started　　ウ waited

得点UP

2 (3)あとに〈人＋about＋こと〉が続き「(人)に(こと)について話す」，〈人＋こと〉が続き「(人)に(あること)を話す」という意味になる。

3 (4) in time は「間に合って」という意味。come in time で「間に合うように来る」。

重要レベル英単語

動詞(7)

1 次の動詞の過去形を書きなさい。　　　　　　　　　　　　(6点×6)

(1) build （　　　　　　）　　(2) know （　　　　　　）

(3) buy （　　　　　　）　　(4) become （　　　　　　）

(5) grow （　　　　　　）　　(6) feel （　　　　　　）

2 （　）に適する語を下から選んで入れなさい。必要ならば適する形にかえること。
(6点×3)

(1) （　　　　　　） me the salt.　　（私に塩を取って[回して]ください。）

(2) The news （　　　　　　） me sad.　（その知らせは私を悲しくさせました。）

(3) This pizza （　　　　　　） good.　（このピザはおいしい。）

[　make　　pass　　taste　]

3 日本文に合うように，（　）に適する語を入れなさい。　　(6点×3)

(1) パスワードを**忘れ**ないでね。　Don't （　　　　　　） your password.

(2) おつりは**取っておいて**ください。（　　　　　　） the change.

(3) 赤ちゃんが**泣いています**。　The baby is （　　　　　　）.

4 （　）に最も適する語を選び，記号を○で囲みなさい。　　(7点×4)

(1) A : Oh, I left my wallet at home.

B : Don't worry. I'll （　　） you some money.

ア show　　イ borrow　　ウ lend

(2) Mike （　　） us some pictures of his family.

ア listened　　イ showed　　ウ said

(3) I （　　） cold. Please bring me a jacket.

ア feel　　イ make　　ウ look

(4) Yumi （　　） happy when I met her this morning.

ア looked　　イ watched　　ウ saw

得点UP

3 (2) change は名詞で「**おつり**」の意味。店などで代金を支払った際におつりはいらないと言うときに使う表現。

4 (1) left は leave の過去形。ここでは「**置き忘れる**」の意味。wallet は「**財布**」。

重要レベル英単語

代名詞(2)

合格点：**80** 点／100 点

1 次の代名詞を「〜自身」の意味を表す形（再帰代名詞）に書きかえなさい。　(6点×5)

(例)　I　→　myself

(1)　she（　　　　　　）(2)　he　（　　　　　　）(3)　it（　　　　　　）

(4)　we　（　　　　　　）(5)　they　（　　　　　　）

2 日本文に合うように，（　　）に適する語を入れなさい。　(7点×6)

(1)　**自己紹介**をしてもいいですか。　May I introduce（　　　　　　）?

(2)　外では雪が降っています。　　（　　　　　　）is snowing outside.

(3)　彼は**何でも**知っています。　　He knows（　　　　　　）.

(4)　彼らは**2人とも**背が高い。　　（　　　　　　）of them are tall.

(5)　**何か**言うことはありますか。　Do you have（　　　　　　）to say?

(6)　生徒たちの**それぞれ**が辞書を持っています。

（　　　　　　）of the students has a dictionary.

3 （　　）に最も適する語を選び，記号を○で囲みなさい。　(7点×4)

(1)　*A*：Here are some cookies. Please help（　　）.

　　　B：Thank you very much.

　　　ア　you　　　　　イ　yours　　　　　ウ　yourself

(2)　I was very hungry then, but I had（　　）to eat.

　　　ア　anyone　　イ　nothing　　　ウ　everything

(3)　Your computer isn't working well. Please use（　　）.

　　　ア　my　　　　イ　me　　　　　ウ　mine

(4)　*A*：Hello. （　　）is Yuki. May I speak to Judy, please?

　　　B：Hold on, please.

　　　ア　This　　　　イ　That　　　　　ウ　Me

得点UP

2　(2)天候を表す文の主語として使われる代名詞を考える。

3　(3)この work は「働く」という意味ではなく，「(機械が)動く」という意味。

重要レベル英単語

形容詞・副詞(4)

月　日

点

合格点：80点／100点

1 日本文に合うように，（　　）に適する語を入れなさい。　(4点×3)

(1) 彼らは息子を**誇りに思っています**。 They are （　　　　　　　　） of their son.

(2) **今夜は**雨が降るでしょう。 It will rain （　　　　　　　）.

(3) あなたの考えは私には**興味深い**です。

Your idea is （　　　　　　　） to me.

2 次の単語の意味として適するものを下から選び，記号で答えなさい。　(5点×8)

(1) unique （　　） (2) funny （　　） (3) international （　　）

(4) sweet （　　） (5) polite （　　） (6) delicious （　　）

(7) strict （　　） (8) once （　　）

```
ア 甘い        イ 国際的な   ウ 独特の       エ 礼儀正しい
オ 一度，かつて  カ 厳しい     キ とてもおいしい  ク おかしい，愉快な
```

3 日本語の意味を表す英語を書きなさい。与えられた文字で始めること。　(5点×6)

(1) 貧しい （p　　　　　） (2) 空腹の （h　　　　　）

(3) 病気の （s　　　　　） (4) 安価な （c　　　　　）

(5) 同じ （s　　　　　） (6) 外国の （f　　　　　）

4 （　　）に最も適する語を選び，記号を○で囲みなさい。　(6点×3)

(1) A：Are you all right? You look （　　）.

　　B：I practiced soccer for two hours today.

　　　ア glad　　　　　イ safe　　　　　ウ tired

(2) I got up early this morning, so I'm （　　） now.

　　　ア pretty　　　　イ sleepy　　　　ウ sorry

(3) A：Do you want some more cake, Jane?

　　B：No, thank you. I'm （　　）.

　　　ア full　　　　　イ bad　　　　　ウ great

得点UP

3 (1)名詞の前で使って，「かわいそうな」という意味でも使う。反対の意味を表す語は rich（裕福な）。

4 (3) No, thank you. は「いいえ，けっこうです。」という意味で，断るときの表現。

前置詞・接続詞(2)

1 （　）に適する語を右から選んで入れなさい。同じ語は2度使えません。　(6点×6)

(1) We had lunch （　　　　　） noon.

(2) I can sing the song （　　　　　） English.

(3) That cloud looks （　　　　　） a cat.

(4) Bill stood （　　　　　） Ann and me.

(5) I did my homework （　　　　　） dinner.

(6) You can see the tower （　　　　　） your left.

around
between
in
like
on
after

2 日本文に合うように，（　）に適する語を入れなさい。　(6点×6)

(1) 私はその計画に**反対**です。　　I'm （　　　　　） that plan.

(2) だれかがドア**の後ろ**にいます。Someone is （　　　　　） the door.

(3) 健はコートを**着ないで**出かけました。

Ken went out （　　　　　） his coat.

(4) 彼は作家**として**有名です。　He's famous （　　　　　） a writer.

(5) 由紀は部屋**の中に**入りました。Yuki went （　　　　　） the room.

(6) 長い耳**をした**犬を見て。Look at the dog （　　　　　） long ears.

3 （　）に最も適する語を選び，記号を○で囲みなさい。　(7点×4)

(1) I lived in Osaka （　　） I was ten.

　　ア where　　　　イ when　　　　ウ what

(2) Sam didn't come to the party yesterday （　　） he was busy.

　　ア that　　　　イ after　　　　ウ because

(3) Lisa said （　　） this book was interesting.

　　ア that　　　　イ while　　　　ウ because

(4) We must finish the job （　　） 5:00.

　　ア until　　　　イ by　　　　ウ in

得点UP

2 (1)反対の意味を表す語は for（～に賛成して，味方して）。

3 (4)「～までに」という意味で動作や状態が完了する期限を表す語。

START ○────○────○────○────○────○　　　　　　　　　　　　GOAL

重要レベル英単語

名詞(9)

1 日本文に合うように，（　　）に適する語を入れなさい。 (4点×3)

(1) 私のおばは**農場**で働いています。My aunt works on a （　　　　　　）.

(2) 彼はその仕事にふさわしい**人**です。

He is the right （　　　　　　） for the job.

(3) **浜辺**を散歩しませんか。　Why don't we walk on the （　　　　　　）?

2 次の単語の意味として適するものを下から選び，記号で答えなさい。 (5点×8)

(1) astronaut （　　） (2) meeting （　　） (3) shape （　　）

(4) field （　　） (5) activity （　　） (6) trouble （　　）

(7) communication （　　） (8) experience （　　）

```
ア　心配，困ること    イ　経験      ウ　形    エ　会合，会議
オ　畑，野原         カ　宇宙飛行士  キ　活動  ク　意思伝達
```

3 日本語の意味を表す英語を書きなさい。与えられた文字で始めること。 (5点×6)

(1) 地面 （ g　　　　　） (2) 中心 （ c　　　　　）

(3) 丘 （ h　　　　　） (4) 言語 （ l　　　　　）

(5) 集団，グループ （ g　　　　　） (6) 心 （ m　　　　　）

4 （　　）に最も適する語を選び，記号を○で囲みなさい。 (6点×3)

(1) I took some （　　） because I had a headache.

　　ア　medicine　　イ　time　　　　ウ　paper

(2) Kumi lost her house （　　）, so she couldn't open the door.

　　ア　map　　　　イ　key　　　　ウ　wall

(3) A：Do you like tennis, Ryo?

　　B：Yes, I do. It's a lot of （　　）.

　　ア　fun　　　　イ　jobs　　　　ウ　actions

得点UP
1 (3) Why don't we 〜? は「（いっしょに）〜しませんか」とさそうときの表現。
3 (6)「思考」に重点を置いた意味の「心」を表す語。愛情など「感情」に重点を置いた意味の「心」は heart。

熟語(3)・会話表現(体調)

月　日

点

合格点：**80**点／100点

1 次の英文の意味として適するものを下から選び，記号で答えなさい。　(6点×4)

(1) What's wrong?　（　　）　(2) You'll get well soon.　（　　）

(3) That's too bad.　（　　）　(4) I have a fever.　（　　）

> ア　熱があります。　　イ　それはお気の毒です。
> ウ　どうしましたか。　エ　すぐによくなりますよ。

2 日本文に合うように，（　　）に適する語を入れなさい。　(6点×6)

(1) 学校へ行く途中で　　　　（　　　　　　　）**the way to** school

(2) ここから**遠く離れて**　　　（　　　　　　　）**away** from here

(3) アンは母親**に似ています**。 Ann **looks**（　　　　　　　）her mother.

(4) **あきらめ**ないで。　　　 Don't（　　　　　　　）**up**.

(5) 仕事の**一部**は困難でした。（　　　　　　　）**of** the work was hard.

(6) 私は電車に**間に合い**ました。 I was（　　　　　　　）**time** for the train.

3 （　　）に最も適する語を選び，記号を○で囲みなさい。　(8点×5)

(1) Kate is（　　）in Japanese culture. She knows a lot about *kabuki*.

　　　ア interesting　イ interested　　ウ famous

(2) The bottle was（　　）of water. It was heavy.

　　　ア full　　　　イ lot　　　　　ウ some

(3) I looked（　　）my watch, but I couldn't find it.

　　　ア with　　　　イ in　　　　　ウ for

(4) I was（　　）for school because I got up late this morning.

　　　ア late　　　　イ absent　　　ウ fast

(5) Bob sat next（　　）me.

　　　ア with　　　　イ to　　　　　ウ on

得点UP

2　(5) **hard** には副詞として「熱心に」のほか，形容詞として「難しい，つらい」という意味もある。

3　(3) **watch** は動詞として「(じっと)見る」のほか，名詞として「腕時計」という意味もある。

START ○──○──○──○──○──○　　　　　　　　　　　　　　　　　　　GOAL

まとめテスト(3)

月　　日

点

合格点：80 点／100 点

1 次の単語の意味として適するものを下から選び，記号で答えなさい。　(4点×8)

(1) same　（　　）　(2) foreign　（　　）　(3) poor　（　　）

(4) history　（　　）　(5) post office　（　　）　(6) experience　（　　）

(7) island　（　　）　(8) ground　（　　）

> ア　歴史　　イ　経験　　ウ　貧しい　　エ　島
> オ　外国の　カ　地面　　キ　郵便局　　ク　同じ

2 日本語の意味を表す英語を書きなさい。与えられた文字で始めること。　(5点×6)

(1) 意味　　　（ m　　　　　　）　(2) 言語　　　（ l　　　　　　）

(3) 宇宙，空間（ s　　　　　　）　(4) 地球　　　（ e　　　　　　）

(5) 世紀　　　（ c　　　　　　）　(6) 中心　　　（ c　　　　　　）

3 日本文に合うように，（　　）に適する語を入れなさい。　(5点×4)

(1) 私に砂糖を取ってください。Please （　　　　　　） me the sugar.

(2) 私は空腹を感じます。　　I （　　　　　　） hungry.

(3) 私はあなたに賛成です。　I （　　　　　　） with you.

(4) 母は私にすてきなセーターをくれました。

My mother （　　　　　　） me a nice sweater.

4 （　　）に最も適する語を選び，記号を○で囲みなさい。　(6点×3)

(1) Jim is interested （　　） soccer.

　　ア　in　　　　　イ　on　　　　　ウ　at

(2) My brother was sleeping （　　） I came home.

　　ア　that　　　　イ　when　　　　ウ　because

(3) A：Lisa, you （　　） happy.

　　B：My father bought me a new computer.

　　ア　smell　　　イ　taste　　　　ウ　look

名詞⑽

1 日本文に合うように，（　）に適する語を入れなさい。　　　(4点×3)

(1) **結果**として，それはうまくいきました。 As a（　　　　　　）, it went well.

(2) 私はここでよい**経験**をしました。 I had a good（　　　　　　）here.

(3) 私は仕事で**苦労**しています。 I'm having（　　　　　）with my work.

2 次の単語の意味として適するものを下から選び，記号で答えなさい。　(5点×8)

(1) head　（　　）　　(2) garden　（　　）　　(3) plant　（　　）

(4) report　（　　）　　(5) festival　（　　）　(6) advice　（　　）

(7) meat　（　　）　　(8) difference（　　）

> ア 祭り　　イ 助言，忠告　　ウ ちがい　　エ 庭，庭園
> オ 植物　　カ 報告，レポート　キ 頭　　ク 肉

3 日本語の意味を表す英語を書きなさい。与えられた文字で始めること。(5点×6)

(1) 紙　　　　　　（ p 　　　　　　）　(2) メートル　　（ m 　　　　　）

(3) 畑，野原　　（ f 　　　　　　）　(4) 趣味　　　　（ h 　　　　　）

(5) ボランティア（ v 　　　　　　）　(6) 明かり，電気（ l 　　　　　）

4 （　）に最も適する語を選び，記号を○で囲みなさい。　　(6点×3)

(1) My（　　）is to travel around the world.

　　ア dream　　　イ number　　　ウ thing

(2) A：I don't know the meaning of this word.

　　May I use your（　　）?

　　B：Sure. Here you are.

　　ア homework　　イ e-mail　　　ウ dictionary

(3) A：Excuse me. Where can I buy a postcard?

　　B：Postcards are on the fifth（　　）.

　　ア roof　　　　イ wall　　　　ウ floor

得点UP
❷ ⑹数えられない名詞なので，前に an をつけたり複数形にしたりしない。
❹ ⑴ around the world で「世界中で」という意味。

重要レベル英単語

動詞(8)

月　　日

点

合格点: 80 点 / 100 点

1 (　　)に適する語を下から選んで入れなさい。必要ならば適する形にかえること。 (6点×5)

(1) I (　　　　　　) to drink milk.　　　(私は牛乳が飲みたい。)

(2) Eri (　　　　　　) the piano.　　　(絵理はピアノを練習しました。)

(3) Don't (　　　　　　) this doll.　　　(この人形にさわらないで。)

(4) I (　　　　　　) the cake with him.　(私は彼とケーキを分けました。)

(5) Which do you (　　　　　　)?　　　(あなたはどちらを選びますか。)

〔 choose　touch　practice　share　want 〕

2 日本文に合うように, (　　)に適する語を入れなさい。 (6点×7)

(1) 私にはあなたの助けが**必要です**。 I (　　　　　　) your help.

(2) それはいい**においがします**。 It (　　　　　　) good.

(3) 私をサムと**呼んで**ください。 Please (　　　　　　) me Sam.

(4) 私は友達と**踊りました**。 I (　　　　　　) with my friends.

(5) あなたをケイトに**紹介します**。 I'll (　　　　　　) you to Kate.

(6) 彼は部屋に**入りました**。 He (　　　　　　) the room.

(7) そのカメはゆっくり**動きます**。 The turtle (　　　　　　) slowly.

3 (　　)に最も適する語を選び, 記号を○で囲みなさい。 (7点×4)

(1) She studied hard and (　　) a good doctor.

　　ア looked　　イ tried　　ウ became

(2) My father (　　) me a book and said, "You should read this."

　　ア gave　　イ cooked　　ウ caught

(3) I (　　) a woman the way to the national museum.

　　ア listened　　イ asked　　ウ spoke

(4) The watch was too expensive, so I couldn't (　　) it.

　　ア ride　　イ work　　ウ buy

得点UP

3 (1)あとに名詞や形容詞がきて「～になる」という意味の文を作る。
　(2)あとに「人＋もの」の順で目的語が2つ続き, 「(人)に(もの)を与える」という意味の文を作る。

重要レベル英単語

形容詞・副詞(5)

月　　日

点

合格点：**80**点／100点

1 次の単語の意味として適するものを下から選び，記号で答えなさい。 (5点×6)

(1) rich （　　） (2) clever （　　） (3) strange （　　）

(4) loud （　　） (5) common （　　） (6) international （　　）

> ア　国際的な　　イ　(声などが)大きい　　ウ　奇妙な
> エ　裕福な　　オ　共通の，ふつうの　　カ　かしこい

2 日本語の意味を表す英語を書きなさい。与えられた文字で始めること。 (6点×4)

(1) 低い （l　　　　　） (2) 本当の，真実の （t　　　　　）

(3) 深い （d　　　　　） (4) のどがかわいた （t　　　　　）

3 日本文に合うように，（　　）に適する語を入れなさい。 (6点×3)

(1) あなたの答えは**まちがって**います。　Your answer is （　　　　　）.

(2) 私はお金を**まったく**持っていま**せん**。　I have （　　　　　） money.

(3) 彼はそこに**1人で**住んでいます。　He lives there （　　　　　）.

4 （　　）に最も適する語を選び，記号を○で囲みなさい。 (7点×4)

(1) How was your trip to Hawaii, Akira?

　— It was great. I want to visit there （　　）.

　　ア　only　　　　イ　again　　　ウ　once

(2) Jim worked hard and got （　　）, so he went to bed early.

　　ア　expensive　　イ　interesting　　ウ　tired

(3) This shirt is （　　） big for me. Do you have a smaller one?

　　ア　too　　　　イ　such　　　　ウ　much

(4) Would you like some （　　） tea? — Yes, please.

　　ア　much　　　　イ　more　　　ウ　most

得点UP

3 (2) not ... any ～でも同じ意味を表すことができる。
4 (2) get はあとに形容詞を続けて，「(ある状態)になる」という意味も表す。

名詞⑾

1 日本文に合うように，（　　）に適する語を入れなさい。 (4点×3)

(1) 私は**すること**がたくさんあります。 I have a lot of (　　　　　　) to do.

(2) 学園**祭**はいつですか。 When is the school (　　　　　　)?

(3) **レポート**を提出してください。 Please hand in your (　　　　　　).

2 次の単語の意味として適するものを下から選び，記号で答えなさい。 (5点×8)

(1) wall (　　) (2) habit (　　) (3) machine (　　)

(4) feeling (　　) (5) program (　　) (6) chance (　　)

(7) chorus (　　) (8) roof (　　)

> ア 習慣　　イ 機械　　ウ 屋根　　エ 合唱
> オ 番組　　カ 壁　　　キ 機会　　ク 感じ，感情

3 日本語の意味を表す英語を書きなさい。与えられた文字で始めること。 (5点×6)

(1) 健康 （h　　　　　） (2) 体 （b　　　　　）

(3) 氷 （i　　　　　） (4) 数，数字 （n　　　　　）

(5) 北 （n　　　　　） (6) 仕事，商売 （b　　　　　）

4 （　　）に最も適する語を選び，記号を○で囲みなさい。 (6点×3)

(1) I went to the (　　) to send a letter.

　　ア city hall　　イ post office　　ウ temple

(2) A : Sally, that blue shirt looks good on you.

　　B : Thank you. Blue is my favorite (　　).

　　ア subject　　イ shape　　ウ color

(3) A : What do you want to be in the (　　)?

　　B : I want to be a pianist.

　　ア future　　イ season　　ウ time

得点UP

4 (2) look good on ～ は「～に似合っている」という意味。
(3)この be は「～になる」という意味。未来のことを言うときは become より be を使うことが多い。

START ○───○───○───○───○ GOAL

動詞(9)

1 (1)〜(3)の動詞は過去形に，(4)〜(6)は過去分詞に書きかえなさい。 (5点×6)

(1) choose （　　　　　） (2) eat （　　　　　）

(3) stand （　　　　　） (4) see （　　　　　）

(5) give （　　　　　） (6) speak （　　　　　）

2 （　　　）に適する語を下から選んで入れなさい。必要ならば適する形にかえること。 (6点×7)

(1) He （　　　　　） reading the book. （彼は本を読むのをやめました。）

(2) I （　　　　　） the dog Shiro. （私はその犬をシロと名づけました。）

(3) He （　　　　　） to be a singer. （彼は歌手になろうと決心しました。）

(4) They （　　　　　） in English. （彼らは英語で意思を伝え合います。）

(5) I （　　　　　） to see you again. （あなたにまた会えることを望みます。）

(6) Did you （　　　　　） well? （あなたはよく眠れましたか。）

(7) Don't （　　　　　） at me. （私のことを笑わないで。）

[communicate　decide　hope　laugh　name　sleep　stop]

3 （　　　）に最も適する語を選び，記号を○で囲みなさい。 (7点×4)

(1) I can't （　　） my glasses. Did you see them anywhere?

　　ア know　　　　イ find　　　　ウ look

(2) Can you （　　） a map on the table?

　　ア spread　　　イ wear　　　　ウ catch

(3) My name is Samuel Brown. Please （　　） me Sam.

　　ア show　　　　イ ask　　　　ウ call

(4) A : What's wrong, Mike?

　　B : My left leg （　　）.

　　ア falls　　　　イ walks　　　　ウ hurts

得点UP　**2** (2)あとに「人など＋名前」を表す語句が続いて「（人など）を〜と名づける」という意味。
(7)「声を立てて笑う」という場合に使う。声を立てずに「ほほえむ」という場合は smile を使う。

形容詞・副詞(6)

月　　日

点

合格点：**80**点／100点

① 次の単語の意味として適するものを下から選び，記号で答えなさい。　(5点×6)

(1) already （　　） (2) especially （　　） (3) then （　　）

(4) wild （　　） (5) straight （　　） (6) national （　　）

> ア　すでに，もう　　イ　国民の，国家の　　ウ　特に，とりわけ
> エ　そのとき　　　　オ　まっすぐに　　　　カ　野生の

② 日本語の意味を表す英語を書きなさい。与えられた文字で始めること。　(6点×4)

(1) 重要な 　（i　　　　　） (2) まもなく （s　　　　　）

(3) 独特の 　（u　　　　　） (4) 汚い 　　（d　　　　　）

③ 日本文に合うように，（　　）に適する語を入れなさい。　(6点×3)

(1) 私は**驚くべき**ニュースを聞きました。　I heard （　　　　　） news.

(2) 健は7時ごろ起きました。　Ken got up at （　　　　　） seven.

(3) **いっしょに**歌いましょう。　Let's sing （　　　　　）.

④ （　　）に最も適する語を選び，記号を○で囲みなさい。　(7点×4)

(1) Be （　　）, please. The baby is sleeping.

　　ア　hungry　　　イ　loud　　　　ウ　quiet

(2) John, this box is too （　　）. Can you carry it for me?

　　ア　light　　　　イ　heavy　　　ウ　dark

(3) Which is （　　）, Mt. Tempo or Mt. Hiyori?

　　ア　deeper　　　イ　lower　　　ウ　cheaper

(4) A : Judy, I passed the exam!

　　B : Congratulations, Mike! I'm （　　） to hear that.

　　ア　sad　　　　イ　glad　　　　ウ　angry

得点UP

④ (3) 〈Which is ＋比較級，A or B?〉で「A と B ではどちらがより～か」の意味。
(4) pass には「(試験などに)通る，合格する」の意味もある。Congratulations! は「おめでとう！」の意味。

熟語(4)・会話表現(買い物・注文)

1 会話の流れに合うように，(　)に適するものを右から選び，記号で答えなさい。(6点×3)

A : Excuse me. I'm looking for a coat.
B : (1)(　　)
A : It looks nice. (2)(　　)
B : Sure. This way, please.
A : It's a little big for me. (3)(　　)

ア Do you have a smaller one?
イ Can I try it on?
ウ How about this one?

2 日本文に合うように，(　)に適する語を入れなさい。(7点×6)

(1) 私は2008年に**生まれました。** I was (　　) in 2008.
(2) 久美は犬を**こわがります。** Kumi **is** (　　) **of** dogs.
(3) **注文をうかがいましょうか。** May I (　　) **your order**?
(4) その知らせ**に驚きました。** I **was** (　　) **at** the news.
(5) **どうしたのですか。** **What's the** (　　)**?**
(6) 私たちに加わり**ませんか。** (　　) **don't you** **join us?**

3 (　)に最も適する語を選び，記号を○で囲みなさい。(8点×5)

(1) What (　) you like to drink? — Coffee, please.
　ア could　　イ would　　ウ shall
(2) Emma likes animals, (　) as pandas and koalas.
　ア such　　イ like　　ウ example
(3) Tom finished his homework (　) last.
　ア in　　イ on　　ウ at
(4) You don't (　) to do anything. Please sit and wait here.
　ア give　　イ have　　ウ send
(5) Eri went shopping an hour ago. I think she'll come (　) soon.
　ア out　　イ back　　ウ on

得点UP **2** (3)レストランなどで注文を取るときの決まった表現。ほかに Are you ready to order? などとも言う。
(6)提案するときの表現。ほかに How about ～? などがある。

まとめテスト(4)

1 次の単語の意味として適するものを下から選び，記号で答えなさい。 (4点×8)

(1) business （　　）　(2) health （　　）　(3) hobby （　　）

(4) body （　　）　(5) dirty （　　）　(6) wrong （　　）

(7) deep （　　）　(8) already （　　）

> ア　趣味　　イ　汚い　　　　ウ　すでに，もう　　エ　仕事，商売
> オ　健康　　カ　まちがった　　キ　深い　　　　　ク　体

2 日本語の意味を表す英語を書きなさい。与えられた文字で始めること。 (5点×6)

(1) レポート （r　　　　　　）　(2) 祭り （f　　　　　　）

(3) 機会 （c　　　　　　）　(4) そのとき （t　　　　　　）

(5) 裕福な （r　　　　　　）　(6) まっすぐに （s　　　　　　）

3 日本文に合うように，（　　）に適する語を入れなさい。 (5点×4)

(1) 彼女は有名な作家になりました。 She （　　　　　　） a famous writer.

(2) 私は外出したい。 I （　　　　　　） to go out.

(3) 彼はその音をこわがりました。 He was （　　　　　　） of the sound.

(4) 友紀は踊ることが好きです。 Yuki likes to （　　　　　　）.

4 （　　）に最も適する語を選び，記号を○で囲みなさい。 (6点×3)

(1) A : We're going to go camping next Sunday. （　　） don't you come with us?

　　B : Sure! That sounds like fun.

　　ア　How　　　　イ　Why　　　　ウ　What

(2) This is a present for you, James. I （　　） you like it.

　　ア　hope　　　　イ　try　　　　ウ　choose

(3) Ken was surprised （　　） the news.

　　ア　in　　　　イ　of　　　　ウ　at

名詞⑫

1 日本文に合うように，（　　）に適する語を入れなさい。　(4点×3)

(1) あなたに**真実**を話します。　　I'll tell you the（　　　　　　　）.

(2) 彼女の**気持ち**を傷つけましたか。Did you hurt her（　　　　　　）?

(3) 愛がこの映画の**テーマ**です。Love is the（　　　　　　　）of this movie.

2 次の単語の意味として適するものを下から選び，記号で答えなさい。　(5点×8)

(1) information（　　）　(2) size（　　）　(3) activity（　　）

(4) point（　　）　(5) result（　　）　(6) custom（　　）

(7) event（　　）　(8) host（　　）

ア　結果	イ　情報	ウ　できごと，行事	エ　活動
オ　点，要点	カ　大きさ，サイズ	キ　習慣	ク　主人

3 日本語の意味を表す英語を書きなさい。与えられた文字で始めること。　(5点×6)

(1) ほほえみ（ s　　　　　　　）　(2) ちがい　　　　（ d　　　　　　）

(3) 週末　　（ w　　　　　　）　(4) 経験　　　　　（ e　　　　　　）

(5) 事務所　（ o　　　　　　）　(6) 心配，トラブル（ t　　　　　　）

4 （　　）に最も適する語を選び，記号を○で囲みなさい。　(6点×3)

(1) Which（　　）do you like better, Japanese or math?

　　ア　schedule　イ　purpose　ウ　subject

(2) A：I'm going to Boston to study English. Do you have any
　　　（　　）for me?

　　B：Make friends and speak English a lot.

　　ア　advice　イ　speech　ウ　report

(3) I had the（　　）to meet a famous actor. It was so exciting.

　　ア　chance　イ　habit　ウ　group

得点UP

3 ⑴「ほほえむ」という意味で動詞としても使う。

4 ⑶ exciting は「(人を)とてもわくわくさせる」という意味。

動詞⑽

1 （　　）に適する語を下から選んで入れなさい。必要ならば適する形にかえること。
（6点×7）

(1) They （　　　　　　） swimming. （彼らは水泳を楽しみました。）

(2) I （　　　　　　） to make cookies. （私はクッキーを作ろうとしました。）

(3) Don't （　　　　　　） to call him. （彼に電話するのを忘れないでね。）

(4) I can't （　　　　　　） the problem. （私はその問題が解けません。）

(5) Energy must be （　　　　　　）. （エネルギーは節約されなければなりません。）

(6) I （　　　　　　） he was right. （私は彼が正しいと思いました。）

(7) （　　　　　　） a straight line. （直線を引きなさい[かきなさい]。）

[draw　enjoy　forget　save　solve　think　try]

2 日本文に合うように，（　　）に適する語を入れなさい。
（6点×5）

(1) 私はあなたが**いなくてさびしい**。 I （　　　　　　） you.

(2) この本は英語で**書かれて**います。 This book is （　　　　　　） in English.

(3) この写真はどこで**撮られ**ましたか。 Where was this picture （　　　　　　）?

(4) それは木から**落ちました**。 It （　　　　　　） from the tree.

(5) 私は本を読み**終えました**。 I （　　　　　　） reading the book.

3 （　　）に最も適する語を選び，記号を○で囲みなさい。
（7点×4）

(1) We had to stop playing baseball because it began to （　　）.
　　　ア swim　　　　イ change　　　ウ rain

(2) I want to （　　） a doctor in the future and help sick people.
　　　ア be　　　　　イ see　　　　ウ grow

(3) My father gave me a cute dog. I （　　） it Max.
　　　ア made　　　　イ named　　　ウ sounded

(4) Paul （　　） us a sad story.
　　　ア told　　　　イ talked　　　ウ said

得点UP

❶ (2)「（成功を目指して）いろいろ努力してみる」ということを表す。
(7)「（ペンなどで）線画をかく」という場合に使う。write は「（文字などを）書く」という意味。

形容詞・副詞(7)

1 次の単語の意味として適するものを下から選び，記号で答えなさい。 (5点×6)

(1) possible （　　） (2) finally （　　） (3) native （　　）

(4) simple （　　） (5) convenient （　　） (6) terrible （　　）

> ア　便利な　　イ　単純な　　ウ　とうとう
> エ　母国の　　オ　可能な　　カ　ひどい，恐ろしい

2 日本語の意味を表す英語を書きなさい。与えられた文字で始めること。 (6点×4)

(1) 清潔な （c　　　　　　） (2) 乾燥した （d　　　　　　）

(3) 自由な，暇な （f　　　　　　） (4) すばらしい （w　　　　　　）

3 日本文に合うように，（　　）に適する語を入れなさい。 (6点×3)

(1) ジムは私の**親友**の１人です。Jim is one of my （　　　　　　） **friends.**

(2) メアリーはその問題を**簡単に**解きました。

Mary solved the problem （　　　　　　）.

(3) もう11時**近い**ですよ。寝なさい。

It's （　　　　　　） 11:00. Go to bed.

4 （　　）に最も適する語を選び，記号を○で囲みなさい。 (7点×4)

(1) There was （　　） water in the glass.

ア　many　　　イ　little　　　ウ　few

(2) I don't like this color. Please show me （　　） one.

ア　another　　イ　other　　　ウ　some

(3) I can sing （　　） than Ken.

ア　well　　　イ　much　　　ウ　better

(4) What's the （　　） mountain in the world?

ア　longest　　イ　deepest　　ウ　highest

得点UP

3 (1)「親友」は「**最も仲のよい友達**」と考える。

4 (3)空所のあとに than があるので，〈**比較級 + than 〜**〉の文。「**〜よりも…**」という意味。

前置詞・接続詞(3)

合格点：**80**点／100点

1 （　）に適する語を，右から選んで入れなさい。同じ語は2度使えません。(6点×5)

(1) I swam （　　　　） the river.

(2) We waited for Kumi （　　　　） 2:00.

(3) I went （　　　　） the station to meet him.

(4) Emi left （　　　　） school at 7:30.

(5) Her songs are loved （　　　　） the world.

```
across
around
for
to
until
```

2 日本文に合うように，（　）に適する語を入れなさい。(7点×6)

(1) 私は川**沿いを**歩きました。　I walked （　　　　） the river.

(2) 川に橋が**かかって**います。　There's a bridge （　　　　） the river.

(3) **もし**雨が降っ**たら**家にいます。　I'll stay home （　　　　） it rains.

(4) 暗くなる**前に**帰ってきなさい。　Come home （　　　　） it gets dark.

(5) 鳥が窓**を通り抜けて**入ってきました。

A bird came in （　　　　） the window.

(6) 北海道に滞在している**間に**パーティーに招待されました。

（　　　　） I was in Hokkaido, I was invited to the party.

3 （　）に最も適する語を選び，記号を○で囲みなさい。(7点×4)

(1) The festival will be held （　） two weeks.

　　ア with　　　　イ in　　　　ウ by

(2) Bill is the tallest boy （　） my class.

　　ア on　　　　イ of　　　　ウ in

(3) This camera is the most expensive （　） the four.

　　ア on　　　　イ of　　　　ウ in

(4) Sally left home （　） saying goodbye.

　　ア about　　　イ like　　　　ウ without

得点UP

2 (2)「ものの上におおいかぶさっている」ということを表す。反対の意味を表す語は under。

3 (1)助動詞の受け身は，〈助動詞＋ be ＋過去分詞〉の形。will be held で「開催されるでしょう」という意味。

月　日

点

合格点：**80** 点／100 点

動詞(11)

1 （　　）に適する語を下から選んで入れなさい。必要ならば適する形にかえること。

(6点×5)

(1) The rule was （　　　　　　　） by him.（その規則は彼から説明されました。）

(2) When was this （　　　　　　）?　　　（これはいつ発明されましたか。）

(3) Kumi （　　　　　　　） from Kyoto.　（久美は京都からもどりました。）

(4) We （　　　　　） e-mails.　　（私たちはメールを交換します。）

(5) Please （　　　　　） the door open.（ドアを開けておいてください。）

[exchange　explain　invent　keep　return]

2 日本文に合うように，（　　）に適する語を入れなさい。

(7点×6)

(1) この単語はどういう**意味です**か。 What does this word （　　　　　　　）?

(2) 部屋の中で**さけば**ないで。 Don't （　　　　　　） in the room.

(3) この店では花が**売られて**います。 Flowers are （　　　　　） at this shop.

(4) **招待して**くれてありがとう。 Thanks for （　　　　　） me.

(5) 健はかさを**なくしました。** Ken （　　　　　） his umbrella.

(6) ここでは美しい星が**見られ**ます。

Beautiful stars can be （　　　　　） here.

3 （　　）に最も適する語を選び，記号を○で囲みなさい。

(7点×4)

(1) I'm not good at English, so I use gestures to （　　） with Tom.

ア communicate　イ complain　　ウ understand

(2) Was this letter （　　） by him?

ア called　　　イ written　　　ウ asked

(3) He （　　） to be a doctor after reading a book about Dr. Noguchi.

ア needed　　　イ received　　　ウ decided

(4) I （　　） you get well soon.

ア hope　　　イ want　　　ウ like

得点UP

1 (5)「〜のままにしておく」という意味のほかに，「〜し続ける」という意味もある。

2 (3)反対の意味を表す語は buy（買う）。

形容詞・副詞(8)

1 次の単語の意味として適するものを下から選び，記号で答えなさい。 (5点×6)

(1) natural （　　） (2) several 　　（　　） (3) traditional （　　）

(4) empty （　　） (5) comfortable （　　） (6) fresh 　　（　　）

> ア　心地よい　　イ　いくつかの　　ウ　伝統的な
>
> エ　新鮮な　　　オ　自然の　　　　カ　空の

2 日本語の意味を表す英語を書きなさい。与えられた文字で始めること。 (6点×4)

(1) 内側へ，内に （i 　　　　　　　　） (2) 公共の，公の （p 　　　　　　　　）

(3) 外側へ，外に （o 　　　　　　　　） (4) 注意深い （c 　　　　　　　　）

3 日本文に合うように，（　　）に適する語を入れなさい。 (6点×3)

(1) その犬は**すばやく**動きました。　　The dog moved （　　　　　　　　）.

(2) トムは**自分自身**の意見を持っています。

Tom has his （　　　　　　　　） opinion.

(3) **ほか**に何かほしいものはありますか。

Do you want anything （　　　　　　　　）?

4 （　　）に最も適する語を選び，記号を○で囲みなさい。 (7点×4)

(1) Baseball is one of the （　　） popular sports in Japan.

ア　much 　　　　イ　best 　　　　　ウ　most

(2) The concert will be （　　） by 9:00.

ア　soon 　　　　イ　over 　　　　　ウ　away

(3) I don't have a dog. I don't have a cat, （　　）.

ア　never 　　　　イ　either 　　　　ウ　too

(4) There were （　　） people in the room.

ア　lot 　　　　　イ　little 　　　　　ウ　few

得点UP

4 (1)〈one of the ＋最上級＋複数名詞〉で「最も〜な…の1つ」という意味。

(3)肯定文のあとについて「〜も」というときは too を使う。

No. 45

高得点レベル英単語

熟語(5)・会話表現(道案内)

合格点：**80** 点／100 点

1 会話の流れに合うように，（　）に適するものを右から選び，記号で答えなさい。
(6点×3)

A：Excuse me.　(1)(　　)

B：Sure.　Take the Green
　　Line to Minami.　(2)(　　)

A：OK.　(3)(　　)

B：Take the Blue Line.

ア　Which line should I take?

イ　Could you tell me how
　　to get to Kita Station?

ウ　Change trains there.

2 日本文に合うように，（　）に適する語を入れなさい。
(7点×6)

(1)　最初は　　　　　　　　　　**at** (　　　　　　　　)

(2)　10よりも多い　　　　　　(　　　　　　　) **than** ten

(3)　最も大きな都市の1つ　　(　　　　　　　) **of** the biggest cities

(4)　私はそれに答えられました。 I **was** (　　　　　　) **to** answer it.

(5)　あなたを誇りに思います。　 I'm (　　　　　) **of** you.

(6)　私はあなたに会えるのを楽しみにしています。

　　I'm **looking** (　　　　　) (　　　　　) seeing you.

3 （　）に最も適する語を選び，記号を○で囲みなさい。
(8点×5)

(1)　Kumi couldn't go out because she was (　　) in bed.
　　　ア　true　　　　　　イ　real　　　　　　ウ　sick

(2)　My brother is (　　) tall as you.
　　　ア　very　　　　　　イ　as　　　　　　　ウ　much

(3)　I like soccer the (　　) of all sports.
　　　ア　very　　　　　　イ　better　　　　　ウ　best

(4)　Please (　　) care of my dog while I'm away.
　　　ア　have　　　　　　イ　do　　　　　　　ウ　take

(5)　I like coffee better (　　) tea.
　　　ア　than　　　　　　イ　as　　　　　　　ウ　that

得点UP

2 (2) ～ than ten people と表した場合，10は含まないので厳密には「11人以上」ということ。

3 (4) be away は「不在にする，離れている」という意味。

まとめテスト(5)

月　日

点

合格点：80点／100点

1 次の単語の意味として適するものを下から選び，記号で答えなさい。　(5点×6)

(1) office （　　） (2) custom （　　） (3) careful （　　）

(4) dry （　　） (5) simple （　　） (6) explain （　　）

ア　乾燥した	イ　説明する	ウ　単純な
エ　注意深い	オ　習慣	カ　事務所

2 日本語の意味を表す英語を書きなさい。与えられた文字で始めること。　(5点×4)

(1) 活動 （a　　　　　　） (2) 自由な，暇な （f　　　　　　）

(3) 点，要点 （p　　　　　　） (4) 外側へ，外に （o　　　　　　）

3 日本文に合うように，（　　）に適する語を入れなさい。　(5点×4)

(1) お体を大切にしてください。　Take （　　　　　　） of yourself.

(2) その問題は彼が解きました。　The problem was （　　　　　　） by him.

(3) もし晴れたら出かけましょう。Let's go out （　　　　　　） it's sunny.

(4) 私は3時まで彼女を待ちます。I'll wait for her （　　　　　　） 3:00.

4 （　　）に最も適する語を選び，記号を○で囲みなさい。　(6点×5)

(1) Ken likes summer the （　　） of all seasons.

　　ア　more 　　イ　better 　　ウ　best

(2) I'm looking （　　） to visiting Okinawa.

　　ア　back 　　イ　over 　　ウ　forward

(3) I （　　） reading the book yesterday, so I can lend it to you.

　　ア　finished 　　イ　liked 　　ウ　tried

(4) This tower was built （　　） than fifty years ago.

　　ア　much 　　イ　more 　　ウ　most

(5) Ms. Sato travels （　　） the world.

　　ア　around 　　イ　on 　　ウ　from

総復習テスト(1)

1 ［　　］内の語を適する形にして，（　　）に書きなさい。　　(2点×3)

(1) This T-shirt is （　　　　　　　） than that one. ［pretty］

(2) He was （　　　　　　　） the piano then. ［practice］

(3) Lucy （　　　　　　　） happy when she heard the news. ［feel］

2 次の単語の意味として適するものを下から選び，記号で答えなさい。　　(2点×8)

(1) peace （　　） (2) reason （　　） (3) strong （　　）

(4) salt （　　） (5) heart （　　） (6) exactly （　　）

(7) smile （　　） (8) scared （　　）

> ア　理由　　イ　平和　　ウ　こわがった　　エ　心, 心臓
> オ　強い　　カ　正確に　　キ　塩　　　　　　ク　ほほえみ

3 日本語の意味を表す英語を書きなさい。与えられた文字で始めること。　　(3点×6)

(1) 乗客 （p　　　　　） (2) 文化 （c　　　　　）

(3) 弱い （w　　　　　） (4) レポート （r　　　　　）

(5) 結果 （r　　　　　） (6) 点, 要点 （p　　　　　）

4 （　　）に適する語を，下から選んで入れなさい。必要ならば適する形にかえること。　　(3点×4)

(1) I （　　　　　　　） to bring your book.

（あなたの本を持ってくるのを忘れました。）

(2) She （　　　　　　　） meeting me at the party.

（彼女はパーティーで私に会ったことを覚えていました。）

(3) Ms. Brown （　　　　　　　） us English last year.

（ブラウン先生は昨年, 私たちに英語を教えてくれました。）

(4) Did the bird （　　　　　　　） its wings then?

（そのとき鳥は羽を広げましたか。）

> ［ remember　forget　spread　teach ］

裏面へ

5 CとDの関係がAとBの関係と同じになるように，（　　）に適する語を入れなさい。
(4点×4)

	A	B	C	D
(1)	cat	cats	child	(　　　　)
(2)	old	older	good	(　　　　)
(3)	play	played	make	(　　　　)
(4)	hot	cold	heavy	(　　　　)

6 日本文に合うように，（　　）に適する語を入れなさい。
(4点×4)

(1) トムはジョンと私の間に立ちました。

Tom stood （　　　　　） John （　　　　　） me.

(2) 私は将来，宇宙飛行士になりたい。

I （　　　　　） to be an astronaut in the （　　　　　）.

(3) もしリサに会ったら，彼はうれしく思うでしょう。

（　　　　　） he sees Lisa, he will （　　　　　） happy.

(4) サムはバスケットボールに興味があります。

Sam is （　　　　　）（　　　　　） basketball.

7 （　　）に最も適する語を選び，記号を○で囲みなさい。
(4点×4)

(1) *A :* What （　　） of movies do you like?

　B : I like anime.

　　ア purpose　　イ point　　ウ kind

(2) The letter from my grandmother （　　） me happy.

　　ア made　　イ had　　ウ did

(3) I couldn't go out （　　） I had a lot of homework.

　　ア that　　イ or　　ウ because

(4) I broke my leg. I have to go to the （　　）.

　　ア hobby　　イ hospital　　ウ holiday

総復習テスト(2)

目標時間: **20** 分　合格点: **80** 点／100点

月　　　日

点

---

1 [　]内の語を適する形（1語）にして，（　）に書きなさい。　(2点×3)

(1) My dog is the (　　　　　) of the five.　[clever]

(2) What language is (　　　　　) here?　[speak]

(3) When was the museum (　　　　　)?　[build]

---

2 次の単語の意味として適するものを下から選び，記号で答えなさい。　(2点×8)

(1) dangerous （　）　(2) rich （　）　(3) actually （　）

(4) opinion （　）　(5) purpose （　）　(6) dark （　）

(7) foreign （　）　(8) expensive （　）

```
ア 暗い    イ 裕福な   ウ 高価な   エ 外国の
オ 実際は   カ 目的    キ 意見    ク 危険な
```

---

3 （　）に適する語を，下から選んで入れなさい。同じ語は2度使えません。　(3点×6)

(1) He put his bag (　　　　　) the table.

(2) I stayed in China (　　　　　) my summer vacation.

(3) I have to finish it (　　　　　) 5:00.

(4) Yumi can sing the song (　　　　　) English.

(5) She's famous (　　　　　) Japanese girls.

(6) I have a dog (　　　　　) long hair.

[among　by　during　in　under　with]

---

4 日本文に合うように，（　）に適する語句を下から選んで入れなさい。　(4点×3)

(1) （電話で）ジムと話せますか。　(　　　　　) speak to Jim?

(2) ドアを開けましょうか。　(　　　　　) open the door?

(3) 私たちといっしょに来てもらえますか。

(　　　　　) come with us?

[May I　Shall I　Could you]

裏面へ

5 次の各組の＿＿に入るつづりが同じ語を，（　　）に書きなさい。　(4点×3)

(1) Your idea sounds ＿＿＿＿ fun.

I ＿＿＿＿ dogs better than cats.　（　　　　　）

(2) ＿＿＿＿ did you play tennis?

＿＿＿＿ I was young, I lived in Osaka.　（　　　　　）

(3) She'll come back to Japan ＿＿＿＿ month.

Bill sat ＿＿＿＿ to me.　（　　　　　）

6 日本文に合うように，（　　）に適する語を入れなさい。　(4点×5)

(1) 最初の角を右に曲がってください。

（　　　　　）（　　　　　　　） at the first corner.

(2) この自転車は母にもらいました。

This bike was （　　　　　） to me （　　　　　） my mother.

(3) 彼らはとうとう試合に勝ちました。

They （　　　　　） the game at （　　　　　　　）.

(4) 私はこの前の日曜日に読書を楽しみました。

I （　　　　　）（　　　　　　　） last Sunday.

(5) マイクは私たちに数枚の写真を見せてくれました。

Mike （　　　　　） us a （　　　　　　） pictures.

7 （　　）に最も適する語を選び，記号を○で囲みなさい。　(4点×4)

(1) We don't （　　） to go to school on Saturdays.

　　ア make　　　イ have　　　ウ help

(2) I can run （　　） fast as Judy.

　　ア much　　　イ very　　　ウ as

(3) I don't like this skirt. Do you have （　　） one?

　　ア another　　イ other　　　ウ some

(4) A : Do you like sports, Ben?

　　B : Yes. I like winter sports, such （　　） skating and skiing.

　　ア to　　　　イ for　　　　ウ as

中2 英単語 / 解答編 ANSWERS

No. 01 名詞(1)

❶ (1) イ (2) ウ (3) ア

❷ (1) ウ (2) イ (3) カ (4) オ
(5) ア (6) エ

❸ (1) airport (2) kind (3) building
(4) dish (5) weather (6) peace
(7) message (8) question

❹ (1) wall (2) vacation [holiday]
(3) concert (4) night

（解説）❶ (1)「口を開けて『あー』と言いなさい。」ア「手」，ウ「顔」。(2)「なぜ遅れたのですか。私に理由を話して。」ア「道，方法」，イ「時間」。(3)「私はその知らせを聞いてうれしいです。」イ「映画」，ウ「インターネット」。
❷ (5)「(手の)親指」は thumb，「足の指」は toe。
❹ (3) have a good time(楽しい時を過ごす)という表現も覚えておこう。(4) last の前には前置詞 at はつかないことに注意。

No. 02 名詞(2)

❶ (1) building (2) questions
(3) stadium

❷ (1) カ (2) イ (3) エ (4) ア
(5) ウ (6) オ

❸ (1) culture (2) salt (3) art (4) life
(5) nature (6) flower (7) purpose
(8) bridge

❹ (1) イ (2) ウ (3) イ

（解説）❷ (4)「携帯電話」は cellphone。
❹ (1)「私は昨夜，祖母と電話で話しました。」ア「テレビ」，ウ「時計」。(2)「私はそのとき台所で皿を洗っていました。」ア「手紙」，イ「車」。
(3)「A：あなたはどんな種類の音楽が好きですか，ジュディー。　B：ジャズが好きです。」What

kind of ～? で「何の種類の～」という意味。ア「食べ物」，ウ「教科」。

No. 03 動詞(1)

❶ (1) spoke (2) said (3) took
(4) heard (5) had (6) went
(7) made

❷ (1) borrowed (2) Bring (3) learning
(4) find (5) Catch

❸ (1) spend (2) win (3) arrived
(4) visited (5) put (6) travels

（解説）❷ (2) bring は話し手のところに人やものを「連れてくる」「持ってくる」という場合に使う。話し手のところから別のところへ「連れていく」「持っていく」という場合は take を使う。(5) catch にはほかに「(乗り物に)間に合う」「(病気に)かかる」という意味もある。
❸ (3)「～に到着する」は get to ～ などでも表せる。(4) visit は「(人を)訪問する，(場所を)訪れる」という意味。

No. 04 動詞(2)

❶ (1) gave (2) wrote (3) left
(4) came (5) told (6) thought

❷ (1) received (2) worry (3) throw
(4) closed

❸ (1) build (2) remember

❹ (1) ウ (2) ア (3) イ (4) ウ

（解説）❷ (1)過去形の received に。(2) Don't worry.（気にしないで。）は返答としても使う。
❸ (1)過去形は built になることも覚えておこう。
❹ (1)「A：あなたは冬休みをどのように過ごしましたか。　B：私はハワイを訪れました。そこで楽しい時を過ごしました。」ア「行く」，イ「取る」。(2)「ケイトはコンテストでよいスピーチを

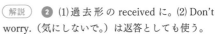

しました。」make a speech で「スピーチ[演説]をする」。made は make の過去形。イ tell(話す)の過去形，ウ live(住んでいる)の過去形。(3)「ジムはシアトルにいるおばのところに1週間滞在しました。」ア see(見る)の過去形，ウ become(～になる)の過去形。(4)「私の家から空港までは約1時間かかりました。」ア get(手に入れる)の過去形，イ visit(訪問する)の過去形。

形容詞・副詞(1)

❶ (1) other (2) little (3) only

❷ (1) エ (2) キ (3) ウ (4) イ
　 (5) ア (6) オ (7) カ (8) ク

❸ (1) heavy (2) slowly (3) right
　 (4) useful (5) favorite (6) abroad

❹ (1) ア (2) ア (3) ア

(解説) ❶ (1)「ほかの」は other で表す。(2)程度を表して「少し」は a little。(3)「ただ～だけ，～しか」は only で表す。just でもよい。

❷ (1)(7)反対の意味になる語。セットで覚えておこう。(3)「(時間，時刻が)早い，早く」という場合に使う。

❸ (6) ×go to abroad とするのはまちがい。abroad は副詞なので，**前置詞は不要**。

❹ (1)「A：ジェーンはいつ日本に来ましたか。B：彼女は3年前に日本に来ました。」イ「もう一度」，ウ「まだ」。(2)「この質問は難しすぎます。私はそれに答えられません。」イ「興味深い，おもしろい」，ウ「注意深い」。(3)「今日はとても寒かったので，私たちはプールで泳げませんでした。」イ「とてもおいしい」，ウ「親切な」。

名詞(3)

❶ (1) leaves (2) teeth (3) hobbies

❷ (1) イ (2) ウ (3) オ (4) カ
　 (5) エ (6) ア

❸ (1) leg (2) arm (3) weather
　 (4) garden (5) police (6) cold
　 (7) dream (8) reason

❹ (1) ウ (2) イ (3) ア

(解説) ❶ (1)「ベンチの上に葉っぱが何枚見えますか。」leaf(葉)を複数形の leaves にして入れる。(2)「毎食後に歯をみがきなさい。」tooth(歯)を複数形の teeth にして入れる。(3)「メグにはたくさんの趣味があります。たとえば，絵をかくことや釣りです。」hobby(趣味)を複数形 hobbies にして入れる。

❸ (4)草花や木が植えてある「庭」を garden という。家の周りの土地のことを指す「庭」は yard。(5)「(1人1人の)警察官」は police officer という。

❹ (1)「私たちは歌のコンテストで1位になりました。」first prize で「1位」という意味。ア「角」，イ「旅行」。(2)「秋は私の大好きな季節です。」ア「(こよみの)月」，ウ「休日」。(3)「A：訪問の目的は何ですか。　B：観光です。」イ「仕事」，ウ「場所」。

代名詞(1)

❶ (1) we (2) them (3) it
　 (4) It (5) him

❷ (1) one (2) hers (3) nothing
　 (4) anyone (5) something (6) other

❸ (1) ウ (2) イ (3) イ (4) ウ

(解説) ❶ (1)「あなたとトムはテニスをしていましたか。―はい，(私たちは)していました。」(2)「私はカナダに友達が何人かいます。私は彼らの全員が好きです。」(3)「ここから公園まではどのくらいありますか。」(4)「午前10時です。」距離や時刻などを表す文では，主語に it を使う。(5)「私には兄[弟]が1人います。私は彼とよくテレビゲームをします。」

❷ (1) no one は「だれも～ない」という意味。(3) nothing は「何も～ない」。not ～ anything と同じ意味。(6) **the other は2つのもののうち「もう1つ」**を表す。

❸ (1)「その村の人々は私たちにとても親切でした。」be kind to ～ は「～に親切である」。ア「私たちは」，イ「私たちの」。(2)「私たちはお互いに助け合い，とうとうその仕事を終わらせました。」**each other は「互い(に)」**。ア「いくつか」，ウ

「もう1つのもの」。(3)「ベンはかさをなくしたので, 彼は新しい<u>もの</u>を買わなければなりませんでした。」ア「それを」, ウ「いくつか」。(4)「私はこのぼうしが好きではありません。<u>ほかの(1つ)</u>を見せてもらえますか。」ア「だれか」, イ「(しばしば複数形で)ほかのもの[人]」。

No. 08 形容詞・副詞(2)

❶ (1) **ア** (2) **ア** (3) **イ**

❷ (1) **カ** (2) **エ** (3) **ウ** (4) **オ**
　(5) **ア** (6) **イ**

❸ (1) actually (2) rainy (3) strong
　(4) cloudy (5) yesterday
　(6) exciting

❹ (1) such (2) also (3) too (4) only

（解説）❶ (1)「日本映画は私にとっておもしろ<u>い</u>。」「人に興味を起こさせる」というときは, interesting。(2)「私は1時間<u>前に</u>駅でジョシュに会いました。」今から「〜前に」というときは ago。(3)「外は<u>まだ</u>雨が降っています。」still は「まだ」, until は「〜まで」。
❹ (1) such は「そんな」。語順に注意。a[an]の前にくる。(2) also は「〜もまた」。ふつう一般動詞の前, be動詞のあとに置く。(3) too には「〜もまた」のほか「〜すぎる」という意味もある。(4) only は「ただ〜だけ, たった〜しか」という意味。just でもよい。

No. 09 熟語(1)・会話表現（電話）

❶ (1) **ウ** (2) **ア** (3) **エ** (4) **イ**

❷ (1) up (2) hold [hang] (3) call
　(4) leave

❸ (1) one (2) right (3) front (4) both

❹ (1) **イ** (2) **ア** (3) **イ** (4) **ウ**

（解説）❶ いずれも電話でよく使う表現。
(3) wrong は「まちがった」。(4) Just a moment. や Hold on, please. などとも言う。
❸ (1)この one は「ある〜」という意味。
❹ (1)「この寺は庭園<u>で有名です</u>。」be famous

for 〜 で「〜で有名である」。(2)「あなたの考えは私<u>のとは異なります</u>。」be different from 〜 で「〜とは異なる」。(3)「ジュディーと<u>話せますか[をお願いできますか]</u>。」電話で相手を呼び出すときの表現。ア「言う」, ウ「伝える」。(4)「たくさんのボランティアが<u>世界中で</u>働いています。」all over the world で「世界中で」。

No. 10 まとめテスト(1)

❶ (1) **エ** (2) **ウ** (3) **イ** (4) **キ**
　(5) **ア** (6) **カ** (7) **オ** (8) **ク**

❷ (1) light (2) right (3) expensive
　(4) early (5) light (6) borrow

❸ (1) abroad (2) wrote
　(3) bring [get] (4) front, of

❹ (1) **ウ** (2) **イ** (3) **イ**

（解説）❸ (1) travel abroad で「海外旅行をする」。overseas でもよい。(2) write の過去形は不規則に変化して wrote。(4)「**〜の前に[で]**」は in front of 〜。
❹ (1)「あなたはどんな<u>種類</u>のスポーツが好きですか。」kind には「種類」の意味もある。ア「目的」, イ「道, 方法」。(2)「ブラウンさんは先週, 東京に<u>着きました</u>。」ア go(行く)の過去形, ウ leave(去る)の過去形。(3)「私たちは<u>お互い</u>を見て, ほほえみました。」ア「もう1人の人」, ウ「何人か」。

No. 11 名詞(4)

❶ (1) word (2) finger(s) (3) million

❷ (1) **エ** (2) **オ** (3) **ク** (4) **キ**
　(5) **ウ** (6) **ア** (7) **カ** (8) **イ**

❸ (1) money (2) sun (3) cloud
　(4) thing (5) air (6) daughter

❹ (1) **ア** (2) **イ** (3) **イ**

（解説）❶ (2)手の「指」は finger。足の「指」は toe。
❷ (2)ふつう the moon と前に the をつける。
❸ (2)ふつう the sun と前に the をつける。

④ (1)「私はたいてい朝, テレビで<u>ニュース</u>を見ます。」イ「雑誌」, ウ「音楽」。(2)「A：今日の福岡の<u>天気</u>はどうでしたか。 B：雨でした。」ア「問題」, ウ「日付」。(3)「私は道に迷いました。私はこの<u>地図</u>ではどこにいますか。」この lost は「道に迷った, 迷い子になった」という意味の形容詞。ア「コンピューター」, ウ「歴史」。

No.12 名詞(5)

❶ (1) children (2) men (3) women
　(4) feet
❷ (1) オ (2) イ (3) ウ (4) カ
　(5) エ (6) ア
❸ (1) ticket (2) hospital (3) doctor
　(4) village (5) stamp (6) sign
❹ (1) イ (2) ウ (3) ア

解説 ❶ (3)[wímin]の発音にも注意。
❷ (4)電車の「路線」という意味もある。
(5)「人々」という場合, ふつう persons ではなく, people を使う。
❹ (1)「A：今日は晴れていますね。 B：はい。<u>空</u>には雲ひとつありません。」ア「海」, ウ「森, 森林」。(2)「私の父はいつも夕食後に<u>映画</u>を見ます。」ア「賞」, イ「皿」。(3)「A：すみません。市役所はどこですか。 B：ここから遠いですよ。あなたに<u>地図</u>をかきましょう。」イ「手紙」, ウ「メッセージ, 伝言」。

No.13 動詞(3)

❶ (1) taught (2) caught (3) found
　(4) ran (5) sent (6) put
❷ (1) understand (2) collects
　(3) rained
❸ (1) Change (2) jumped (3) Raise
❹ (1) イ (2) ウ (3) イ (4) ア

解説 ❶ (6) put は原形と過去形の形が同じ。
❸ (1)「電車を乗りかえる」は change trains。
❹ (1)「私はきのう公園で純を<u>見かけ</u>ました。彼はそこで走っていました。」saw は see(見える,

会う)の過去形。ア hear(聞く)の過去形, ウ speak(話す)の過去形。(2)「私は日本の文化について<u>話す</u>つもりです。」talk about ~ で「~について話す」。ア「言う」, イ「聞く」。(3)「10年前, ここに大きな家が<u>ありました</u>。」過去の文で, 名詞の単数形が続いているので, was が適切。(4)「ベンはひどいかぜを<u>ひいていた</u>ので, 学校を休みました。」have a cold で「かぜをひいている」。イ take(取る)の過去形, ウ do(する)の過去形。

No.14 動詞(4)

❶ (1) fell (2) understood (3) threw
　(4) brought (5) won (6) held
❷ (1) flying (2) follow (3) happened
❸ (1) break (2) lost (3) climb
❹ (1) イ (2) ウ (3) ア (4) ウ

解説 ❸ (1) break には「こわす, 割る, 折る」などの意味がある。(3) climb は発音しない最後の b のつづりに注意。
❹ (1)「私の犬は2015年に<u>死に</u>ました。でも彼のことはよく覚えています。」ア feel(感じる)の過去形, ウ finish(終える)の過去形。(2)「メグは動物が好きです。特にネコが<u>大好きです</u>。」ア「(ひどく)きらう」, イ「持っている」。(3)「私はジェーンから本を<u>借り</u>ました。それはとてもおもしろかった。」**「借りる」は borrow で, 「貸す」は lend**。イ give(与える)の過去形, ウ watch(見る)の過去形。(4)「A：アンがかぜをひいていると聞きました。彼女はだいじょうぶでしょうか。B：<u>心配し</u>ないで。彼女は今は気分がよくなったと言っています。」ア「起こる」, イ「眠る」。

No.15 前置詞・接続詞(1)

❶ (1) like (2) on (3) above (4) with
　(5) during (6) for (7) at
❷ (1) among (2) from (3) under
　(4) that (5) between
❸ (1) ウ (2) イ (3) ア (4) ウ

ANSWERS

（解説） **❶** (1)「由美は母親によく<u>似ています</u>。」(2)「私たちはそこを５月10日に出発しました。」「〜月…日に」は〈on ＋日付〉。(3)「飛行機が雲<u>の上を</u>飛びました。」above は「（〜から離れて）上に［を］」。(4)「健はペン<u>で</u>手紙を書きました。」with は手段を表して「〜で」。(5)「私は休暇の<u>間</u>，水泳を楽しみました。」during は特定の期間を表す語句があとにきて「〜の間に」。(6)「彼女は１時間ピアノを練習しました。」for は時間の長さを表す語句があとにきて「〜の間」。(7)「メグはあの店<u>で</u>DVD を買いました。」

❷ (1)(5)３人［３つ］以上の人・ものの「間で」は among を，２人［２つ］の人・ものの「間で」は between を使う。(2)「Aから Bまで」は from A to B。(4)「〜ということ」という意味で文と文をつなぐ働きをする接続詞が that。この that は省略されることが多い。

❸ (1)「彼らはその試合に勝つと私は確信しています。」**I'm sure that 〜.** で「**私は〜だと確信している**」という意味。**ア**「〜なので」，**イ**「あるいは」。(2)「<u>もし</u>時間があれば，私に会いに来てください。」**ア**「〜する前に」，**ウ**「〜ということ」。(3)「私はとても疲れている<u>けれども</u>，出かけなければなりません。」**イ**「〜するとき」，**ウ**「〜したあとで」。(4)「コロンブスは1492年<u>に</u>アメリカに到着しました。」「〜年に」という場合は in を使う。**ア** at は時刻，**イ** on は日付や曜日に使う。

No. 16 形容詞・副詞(3)

❶ (1) even (2) still (3) surprised
❷ (1) **オ** (2) **カ** (3) **エ** (4) **ク**
　　(5) **キ** (6) **イ** (7) **ア** (8) **ウ**
❸ (1) tired (2) far (3) bad
　　(4) tomorrow (5) next (6) short
❹ (1) **ア** (2) **ア** (3) **イ**

（解説） **❶** (1) even（〜さえ）は，ふつう修飾する語句の前に置く。
❸ (5) next week（来週）のように使う。
❹ (1)「私は今，あまりお金を<u>たくさん</u>持っていません。」**much は数えられない名詞，many は数**

えられる名詞に使う。**イ**「（a lot of で）多くの」，**ウ**「多数の」。(2)「A：おいで，メアリー。夕食の用意ができたよ。　B：わかった，お母さん。今，行くよ。」**イ**「興味深い」，**ウ**「十分な，十分に」。(3)「野球はとても<u>わくわくさせる</u>スポーツだと私は思います。」**ア**「（人が）わくわくした」，**ウ**「（人が）興味を持っている」。

No. 17 名詞(6)

❶ (1) nature (2) care (3) part
❷ (1) **ウ** (2) **ア** (3) **カ** (4) **オ**
　　(5) **ク** (6) **イ** (7) **キ** (8) **エ**
❸ (1) mountain (2) corner (3) opinion
　　(4) war (5) dollar (6) half
❹ (1) **ウ** (2) **ア** (3) **イ**

（解説） **❶** (2) **with care** で「**注意して**」という意味。
❹ (1)「A：ホワイトさん，<u>お子さん</u>は何人いますか。　B：息子と娘の２人います。」**ア**「兄，弟」，**イ**「姉，妹」。(2)「A：映画の切符を２枚持っています。私といっしょに行きませんか。B：はい。喜んで。」**イ**「切手」，**ウ**「はがき，カード」。(3)「彼らは川の上に新しい橋をつくっています。」**ア**「浜辺，ビーチ」，**ウ**「森，森林」。

No. 18 動詞(5)

❶ (1) flew (2) broke (3) lost
　　(4) began (5) sang (6) read
❷ (1) grow (2) believe (3) lend
　　(4) wake
❸ (1) Turn (2) bought［got］ (3) send
❹ (1) **ウ** (2) **イ** (3) **ア** (4) **イ**

（解説） **❶** (6) read は**原形と過去形のつづりは同じ**だが，発音は[riːd]→[red]とかわる。
❷ (1)「育つ，成長する」は grow。(2)「〜（の存在）を信じる」は believe in 〜。(4)「目が覚める」は wake (up)。
❸ (1)「曲がる」は turn。(2)「〜を買う」は buy か get。過去形は，bought, got。

ANSWERS

④ (1)「ジムは疲れていますと言いました。」said は say(言う)の過去形。ア speak(話す)の過去形, イ talk(話す)の過去形。(2)「ジェーンはとても速く英語を話したので，私は彼女の言ったことが理解できませんでした。」ア「見える，会う」，ウ「知っている」。(3)「私たちはとうとう試合に勝ちました。私たちはとてもうれしかった。」won は win(勝つ)の過去形。イ plant(植える)の過去形, ウ listen(聞く)の過去形。(4)「明はきのうロンドンに向けて出発しました。」leave for ～ で「～に向けて出発する」。leave の過去形は left。ア go(行く)の過去形, ウ visit(訪れる)の過去形。

No. 19 熟語(2)・会話表現 (許可・依頼)

① (1) ウ (2) イ (3) エ (4) ア
② (1) best (2) for (3) first (4) off
(5) other (6) kind
③ (1) ア (2) イ (3) ウ (4) ウ (5) イ

解説 ① (1) May I ～? は「～してもよいですか」。(2) Could you ～? は「～してもらえますか」で，Can you ～? よりもていねいな表現。(3) Shall I ～? は「(私が)～しましょうか」と申し出るときの表現。(4)人に「お願いがあるのですが」と頼むときの言い方。
② (4)「(電車に)乗る」は get on。
③ (1)「私はもう行かなければなりません。今日はたくさん宿題があります。」have to ～ で「～しなければならない」。イ「～すべきだ」，ウ「～しなければならない」。(2)「私たちは来週京都を訪れるつもりです。」be going to ～ で「～するつもりだ」。(3)「あなたはこの計画についてどう思いますか。」think about ～ で「～について考える」。(4)「公園には2，3人の子どもたちがいました。」a few で「2，3の」。名詞の複数形といっしょに使う。ア「少しの」，イ「(a lot of で)多くの」。(5)「私は駅の前で久美を待ちました。」wait for ～ で「～を待つ」。

No. 20 まとめテスト(2)

① (1) カ (2) エ (3) イ (4) オ

(5) ウ (6) ア
② (1) tomorrow (2) dangerous
(3) energy (4) fire
③ (1) broke (2) understand
(3) Change (4) next
④ (1) ウ (2) イ (3) ア (4) イ (5) ウ

解説 ③ (1)「～を割る，こわす」は break で，過去形は broke。
④ (1)「私は十分なお金を持っていなかったので，そのカメラが買えませんでした。」ア「写真，絵」，イ「手紙」。(2)「銀行は市役所と書店の間にあります。」ア「(3つ以上)の間に」，ウ「～の中に」。(3)「あなたは夏休みの間，何をするつもりですか。」イ「(3つ以上)の間に」，ウ「～といっしょに」。(4)「私はオーストラリアに友達が2，3人います。」a few で「2，3の」。ア「いくつかの」，ウ「少しの(量)」。(5)「トムは初めてコアラを見ました。」for the first time で「初めて」。

No. 21 名詞(7)

① (1) cousin (2) lake (3) space
② (1) オ (2) エ (3) ア (4) カ
(5) キ (6) イ (7) ウ (8) ク
③ (1) parent (2) seat (3) fever
(4) passenger (5) wind
(6) view
④ (1) イ (2) イ (3) ア

解説 ① (1) cousin は下線部のつづりと発音に注意。[ʌ]と発音する。
③ (3) fever は病気の「熱」という意味。(4)「乗務員」は crew (member)。
④ (1)「私はボブとスタジアムへ行って，そこで野球をしました。」ア「掲示，標識」，ウ「社会」。(2)「オレンジの半分はくさっていました。」ア「種類」，ウ「場所」。(3)「A：すみません。駅までの道順を教えてもらえますか。　B：いいですよ。この通りを行って，3番目の角を左に曲がってください。」イ「地図」，ウ「目的」。

No. 22 名詞⑻

① (1) island (2) society (3) war
② (1) ア (2) イ (3) キ (4) ク
  (5) カ (6) ウ (7) エ (8) オ
③ (1) road (2) world (3) heart
  (4) country (5) stadium (6) earth
④ (1) ア (2) ウ (3) ウ

解説 **①** (1) island は発音しない s のつづりに注意する。
② (2) 「21世紀」なら the twenty-first century。
④ (1) 「山からの<u>ながめ</u>はとても美しかった。」イ「場所」，ウ「平和」。(2)「A：あなたは<u>芸術</u>に興味がありますか，ジョン。 B：はい。ぼくはときどき絵を見に美術館へ行きます。」ア「スポーツ」，イ「音楽」。(3)「A：気分が<u>悪</u>いです。B：だいじょうぶですか。<u>医者</u>にみてもらったほうがいいですよ。」see a doctor で「医者にみてもらう」。ア「エンジニア，技師」，イ「役者，俳優」。

No. 23 動詞⑹

① (1) looks (2) imagine (3) give
  (4) agree (5) sounds (6) feel
② (1) ask (2) show (3) Tell (4) hit
  (5) become [be] (6) ride
③ (1) ア (2) ウ (3) ア (4) イ

解説 **①** (1)「〜に見える」は look。(4) agree with 〜で「〜に賛成する，同意する」。(5)「〜のように聞こえる」は sound。(6)「〜のように感じる，〜な気分だ」は feel。
② (1) **「〜に質問する」は ask 〜 a question。**
(5)「〜になる」は become。be でもよい。
③ (1)「<u>急いで</u>，ジム！ 学校に遅れるよ。」イ「心配する」，ウ「置く」。(2)「まっすぐ行って，最初の角を右に<u>曲がって</u>ください。」ア「歩く」，イ「話す」。(3)「私は外出する前に部屋を<u>そうじ</u>しなければなりません。」イ「料理する」，ウ「勉強する」。(4)「映画は10時30分に<u>始まりました</u>が，ケイトは間に合いませんでした。」ア watch(見る)の過去形，ウ wait(待つ)の過去形。

No. 24 動詞⑺

① (1) built (2) knew (3) bought
  (4) became (5) grew (6) felt
② (1) Pass (2) made (3) tastes
③ (1) forget (2) Keep (3) crying
④ (1) ウ (2) イ (3) ア (4) ア

解説 **②** (1)「手渡す」は pass。「(試験に)合格する」という意味もある。(2)**「AをBにする」は make A B**。(3)「〜の味がする」は taste。
③ (3)声をあげて「泣く」は cry。
④ (1)「A：あ，家に財布を忘れた。 B：心配しないで。私がお金を<u>貸してあげる</u>よ。」ア「見せる」，イ「借りる」。(2)「マイクは彼の家族の写真を数枚私たちに<u>見せました</u>。」ア listen(聞く)の過去形，ウ say(言う)の過去形。(3)「寒い<u>気がします</u>(私は寒く感じます)。私に上着を持ってきてください。」イ「作る」，ウ「〜に見える」。(4)「私が今朝，由美に会ったとき，彼女はうれしそうに<u>見えました</u>。」イ watch(見る)の過去形，ウ see(見える，会う)の過去形。

No. 25 代名詞⑵

① (1) herself (2) himself (3) itself
  (4) ourselves (5) themselves
② (1) myself (2) It (3) everything
  (4) Both (5) anything (6) Each
③ (1) ウ (2) イ (3) ウ (4) ア

解説 **②** (1)「自分自身を紹介する」と考える。(3)「何でも，すべて」は everything。肯定文では「何でも」という意味の anything でもよい。(5) Yes の答えを予想するときは，something も使う。(6)個々を指して「それぞれ」は each。単数扱い。
③ (1)「A：ここにクッキーがありますよ。<u>自由に食べてください</u>。 B：どうもありがとう。」help yourself (to 〜) で「(食べ物などを)自分でとって食べる[飲む]」という意味。ア「あなた(たち)は，あなた(たち)を[に]」，イ「あなた(たち)のもの」。(2)「私はそのときとてもおなかがすいていましたが，<u>何も食べるものがありませんで</u>

した。」**ア**「だれでも」，**ウ**「何でも，すべてのこと」。(3)「あなたのコンピューターはうまく動いていませんね。<u>私の(もの)</u>を使ってください。」**ア**「私の」，**イ**「私を[に]」。(4)「A：もしもし。由紀です。ジュディーをお願いできますか。B：お待ちください。」電話での表現。電話で自分の名前を言うときは，ふつう This is 〜.を使う。**イ**「あれは」，**ウ**「私を[に]」。

26 形容詞・副詞(4)

① (1) proud　(2) tonight
　(3) interesting
② (1) **ウ**　(2) **ク**　(3) **イ**　(4) **ア**
　(5) **エ**　(6) **キ**　(7) **カ**　(8) **オ**
③ (1) poor　(2) hungry　(3) sick
　(4) cheap　(5) same　(6) foreign
④ (1) **ウ**　(2) **イ**　(3) **ア**

(解説) ① (1) be proud of 〜 で「〜を誇りに思う」。
④ (1)「A：だいじょうぶですか。<u>疲れているよ</u>うですね。　B：今日は2時間サッカーの練習をしました。」**ア**「うれしい」，**イ**「安全な」。(2)「私は今朝，早起きしたので，今<u>眠い</u>です。」**ア**「かわいらしい」，**ウ**「すまなく思って」。(3)「A：もっとケーキがほしいですか，ジェーン。　B：いいえ，けっこうです。<u>おなかがいっぱいです</u>。」**イ**「悪い」，**ウ**「すばらしい」。

27 前置詞・接続詞(2)

① (1) around　(2) in　(3) like
　(4) between　(5) after　(6) on
② (1) against　(2) behind　(3) without
　(4) as　(5) into　(6) with
③ (1) **イ**　(2) **ウ**　(3) **ア**　(4) **イ**

(解説) ① (1)「私たちは正午<u>ごろ</u>に昼食をとりました。」(2)「私は英語<u>で</u>その歌を歌えます。」「(言語)で」には in を使う。(3)「あの雲はネコの<u>ように</u>見えます。」(4)「ビルはアンと私<u>の間</u>に立ちました。」(5)「私は夕食<u>後</u>に宿題をしました。」

(6)「あなたの左手<u>に</u>タワーが見えます。」
② (2)「〜の後ろに」は behind で，「〜の前に」は in front of 〜。
③ (1)「私は10歳<u>のとき</u>に大阪に住んでいました。」**ア**「どこで」，**ウ**「何」。(2)「サムは忙しかった<u>ので</u>，きのうはパーティーに来ませんでした。」**ア**「〜ということ」，**イ**「〜したあとで」。(3)「リサはこの本はおもしろい<u>と</u>言いました。」**イ**「〜する間に」，**ウ**「〜なので」。(4)「私たちは5時<u>までに</u>その仕事を終えなければなりません。」**動作や状態が完了する期限を表して，「〜までに」は by を使う。ア「(動作などが続く期間を表して)〜まで(ずっと)」，ウ「(時間が)たったら」。**

28 名詞(9)

① (1) farm　(2) person　(3) beach
② (1) **カ**　(2) **エ**　(3) **ウ**　(4) **オ**
　(5) **キ**　(6) **ア**　(7) **ク**　(8) **イ**
③ (1) ground　(2) center　(3) hill
　(4) language　(5) group　(6) mind
④ (1) **ア**　(2) **イ**　(3) **ア**

(解説) ① (2) man でもよい。この right は「ふさわしい，適切な」という意味。
④ (1)「私は頭が痛かったので，<u>薬</u>を飲みました。」**イ**「時間」，**ウ**「紙」。(2)「久美は家の<u>かぎ</u>をなくしたので，ドアを開けることができませんでした。」**ア**「地図」，**ウ**「壁」。(3)「A：亮，テニスが好きですか。　B: はい。それはとても<u>楽しい</u>です。」**イ**「仕事」，**ウ**「行動」。

29 熟語(3)・会話表現 (体調)

① (1) **ウ**　(2) **エ**　(3) **イ**　(4) **ア**
② (1) on　(2) far　(3) like　(4) give
　(5) Part　(6) in
③ (1) **イ**　(2) **ア**　(3) **ウ**　(4) **ア**　(5) **イ**

(解説) ① (1) **What's the matter?** もほぼ同じ意味で使われる。(2) get well は「よくなる」。(3)相手の話を聞いて，同情するときなどに使う。
② (4)「あきらめる」は give up。(5)「〜の一部」

ANSWERS

は part of 〜。

❸ (1)「ケイトは日本の文化に興味があります。
彼女は歌舞伎についてよく知っています。」be
interested in 〜 で「〜に興味がある」。ア「おも
しろい」，ウ「有名な」。(2)「そのびんは水でいっ
ぱいでした。それは重かった。」be full of 〜 で
「〜でいっぱいである」。イ「(a lot of で) 多く
の」，ウ「いくつかの」。(3)「私は腕時計をさがし
ましたが，見つけられませんでした。」look for
〜 で「〜をさがす」。(4)「私は今朝は遅く起きた
ので，学校に遅れました。」be late for 〜 で「〜
に遅れる」。イ「不在で，欠席で」，ウ「速く，速
い」。(5)「ボブは私の隣にすわりました。」next
to 〜 で「〜の隣に」。

No. 30 まとめテスト(3)

❶ (1) ク (2) オ (3) ウ (4) ア
(5) キ (6) イ (7) エ (8) カ
❷ (1) meaning (2) language
(3) space (4) earth
(5) century (6) center
❸ (1) pass (2) feel (3) agree
(4) gave
❹ (1) ア (2) イ (3) ウ

(解説) ❷ (1)動詞 mean (意味する) の名詞形。
❹ (1)「ジムはサッカーに興味があります。」be
interested in 〜 で「〜に興味がある」。(2)「私が
家に帰ったとき，兄[弟]は眠っていました。」ア
「〜ということ」，ウ「〜なので」。(3)「A：リサ，
うれしそうですね。　B：父が新しいコンピ
ューターを買ってくれたんです。」ア「〜のにお
いがする」，イ「〜の味がする」。

No. 31 名詞(10)

❶ (1) result (2) experience
(3) trouble
❷ (1) キ (2) エ (3) オ (4) カ
(5) ア (6) イ (7) ク (8) ウ
❸ (1) paper (2) meter (3) field
(4) hobby (5) volunteer (6) light

❹ (1) ア (2) ウ (3) ウ

(解説) ❶ (1) as a result で「結果として」。
(3) be in trouble(困っている)も覚えておこう。
❹ (1)「私の夢は世界中を旅行することです。」イ
「数，数字」，ウ「もの，こと」。(2)「A：私はこ
の単語の意味がわかりません。あなたの辞書を使
ってもいいですか。　B：もちろん。はい，どう
ぞ。」Here you are. はものを手渡すときに使う表
現。ア「宿題」，イ「電子メール」。(3)「A：すみ
ません。はがきはどこで買えますか。　B：はが
きは5階にあります。」ア「屋根」，イ「壁」。

No. 32 動詞(8)

❶ (1) want (2) practiced (3) touch
(4) shared (5) choose
❷ (1) need (2) smells (3) call
(4) danced (5) introduce
(6) entered (7) moves
❸ (1) ウ (2) ア (3) イ (4) ウ

(解説) ❶ (1)「〜したい」は want to 〜。(4)
「(人)と〜を分け合う」は〈share 〜 with ＋人〉。
❷ (1)「〜が必要である」は need。(3) call には
「電話する」という意味のほか，call A B で「A
を B と呼ぶ」という意味もある。
❸ (1)「彼女は熱心に勉強して，よい医師になり
ました。」ア look(〜に見える)の過去形，イ try
(ためす)の過去形。(2)「私の父は私に本をくれ
て，『これを読むべきだ』と言いました。」イ
cook(料理する)の過去形，ウ catch(つかまえる)
の過去形。(3)「私は国立博物館への道順を女性に
たずねました。」ア listen(聞く)の過去形，ウ
speak(話す)の過去形。(4)「その腕時計は高すぎ
たので，私は買えませんでした。」ア「乗る」，イ
「働く」。

No. 33 形容詞・副詞(5)

❶ (1) エ (2) カ (3) ウ (4) イ
(5) オ (6) ア

② (1) low (2) true (3) deep
(4) thirsty

③ (1) wrong (2) no (3) alone

④ (1) イ (2) ウ (3) ア (4) イ

解説 **②** (1)反対の意味を表す語は high(高い)。
④ (1)「ハワイ旅行はどうでしたか，明。―よか
ったですよ。私はもう<u>一度</u>そこを訪れたいです。」
ア「ただ～だけ」，ウ「一度，かつて」。(2)「ジム
は一生けん命に働いて<u>疲れた</u>ので，早く寝まし
た。」ア「高価な」，イ「おもしろい」。(3)「この
シャツは私には大き<u>すぎ</u>ます。もっと小さいのは
ありますか。」イ「そのような」，ウ「(比較級・
最上級を強めて)ずっと」。(4)「紅茶を<u>もう少し</u>い
かがですか。―はい，お願いします。」この more
は「もっと多くの」という意味。ア「多くの」，
ウ「最も多くの」。

No. 34 名詞(11)

① (1) things (2) festival (3) report

② (1) カ (2) ア (3) イ (4) ク
(5) オ (6) キ (7) エ (8) ウ

③ (1) health (2) body (3) ice
(4) number (5) north (6) business

④ (1) イ (2) ウ (3) ア

解説 **①** (3) paper でもよい。hand in は「提
出する」という意味。
④ (1)「私は手紙を送るために<u>郵便局</u>へ行きまし
た。」ア「市役所」，ウ「寺」。(2)「A：サリー，
その青いシャツはあなたに似合っていますよ。
B：ありがとう。青は私の大好きな色です。」ア
「教科」，イ「形」。(3)「A：あなたは<u>将来</u>何にな
りたいですか。　B：私はピアニストになりたい
です。」in the future で「将来」。イ「季節」，ウ
「時刻，時間」。

No. 35 動詞(9)

① (1) chose (2) ate (3) stood
(4) seen (5) given (6) spoken

② (1) stopped (2) named
(3) decided (4) communicate
(5) hope (6) sleep
(7) laugh

③ (1) イ (2) ア (3) ウ (4) ウ

解説 **①** (1)過去分詞は chosen。(2)過去分詞は
eaten。(5)過去形は gave。(6)過去形は spoke。
② (1) stop ～ing で「～するのをやめる」。
(2) name *A B* で「A を B と名づける」。
(5) hope to ～ で「～することを望む」。
③ (1)「私のめがねが<u>見つかり</u>ません。どこかで
見ましたか。」ア「知っている」，ウ「見る」。
(2)「テーブルの上に地図を<u>広げて</u>くれますか。」
イ「着る」，ウ「つかまえる」。(3)「私の名前はサ
ミュエル・ブラウンです。サムと<u>呼んで</u>くださ
い。」ア「見せる」，イ「たずねる」。(4)「A：ど
うしましたか，マイク。　B：私の左足が<u>痛いの</u>
<u>です</u>。」ア「落ちる」，イ「歩く」。

No. 36 形容詞・副詞(6)

① (1) ア (2) ウ (3) エ (4) カ
(5) オ (6) イ

② (1) important (2) soon (3) unique
(4) dirty

③ (1) surprising (2) about [around]
(3) together

④ (1) ウ (2) イ (3) イ (4) イ

解説 **③** (1) surprised は「(人が)驚いた」と
いう意味。
④ (1)「<u>静かに</u>してください。赤ちゃんが眠って
います。」ア「おなかのすいた」，イ「(声などが)
大きい」。(2)「ジョン，この箱は<u>重</u>すぎます。運
んでくれませんか。」ア「軽い，明るい」，ウ「暗
い」。(3)「天保山と日和山では，どちらのほうが
<u>低い</u>ですか。」ア deep(深い)の比較級，ウ cheap
(安い)の比較級。(4)「A：ジュディー，私は試験
に合格しました！　B：おめでとう，マイク！
それを聞いて<u>うれしい</u>です。」be glad to ～ で
「～してうれしい」。ア「悲しい」，ウ「おこった」。

ANSWERS

No. 37 熟語⑷・会話表現（買い物・注文）

❶ (1) ウ (2) イ (3) ア
❷ (1) born (2) afraid (3) take
(4) surprised (5) matter (6) Why
❸ (1) イ (2) ア (3) ウ (4) イ (5) イ

(解説) **❶** 会話の意味は次の通り。
A：すみません。コートをさがしています。
B：(1)こちらはいかがですか。
A：すてきですね。(2)試着してもいいですか。
B：いいですよ。こちらへどうぞ。
A：私には少し大きいです。(3)もっと小さいのは
　ありますか。
❷ (5) problem でもよい。(6)提案を表して「〜し
ませんか，〜してはどうですか」は Why don't
you 〜? を使う。
❸ (1)「お飲み物は何になさいますか。—コーヒ
ーをお願いします。」What would you like to 〜?
で「何を〜したいですか」。(2)「エマはパンダや
コアラのような動物が好きです。」such as 〜 で
「(たとえば)〜のような」。イ「〜のように」，ウ
「例」。(3)「トムはとうとう宿題を終えました。」
at last で「ついに，とうとう」。(4)「あなたは何
もする必要はありません。どうぞすわって，ここ
で待っていてください。」don't have to 〜 は「〜
する必要はない」。ア「与える」，ウ「送る」。(5)
「絵里は1時間前に買い物に行きました。もうす
ぐもどってくると思います。」come back で「も
どってくる」。

No. 38 まとめテスト⑷

❶ (1) エ (2) オ (3) ア (4) ク
(5) イ (6) カ (7) キ (8) ウ
❷ (1) report (2) festival (3) chance
(4) then (5) rich (6) straight
❸ (1) became (2) want (3) afraid
(4) dance
❹ (1) イ (2) ア (3) ウ

(解説) **❸** (1) become の過去形は became。
(3) scared でもよい。(4)「〜することが好きであ

る」は like to 〜。
❹ (1)「A：私たちは次の日曜日にキャンプに行き
ます。私たちといっしょに来ませんか。 B：も
ちろん！ 楽しそうですね。」ア「どんなふうに」，
ウ「何」。(2)「ジェームズ，これはあなたへのプレ
ゼントです。気に入ってくれるといいのですが。」
イ「ためす」，ウ「選ぶ」。(3)「健はその知らせに
驚きました。」be surprised at 〜 で「〜に驚く」。

No. 39 名詞⑿

❶ (1) truth (2) feelings (3) theme
❷ (1) イ (2) カ (3) エ (4) オ
(5) ア (6) キ (7) ウ (8) ク
❸ (1) smile (2) difference
(3) weekend (4) experience
(5) office (6) trouble
❹ (1) ウ (2) ア (3) ア

(解説) **❶** (2)ふつう複数形で使う。
❹ (1)「国語[日本語]と数学とでは，どちらの教
科のほうが好きですか。」ア「スケジュール」，イ
「目的」。(2)「A：私は英語を勉強しにボストンへ
行く予定です。私にアドバイスはありますか。
B：友達を作って，たくさん英語を話しなさい。」
イ「スピーチ」，ウ「レポート」。(3)「私はある有
名な俳優に会う機会がありました。とても興奮し
ました。」イ「習慣」，ウ「グループ」。

No. 40 動詞⑽

❶ (1) enjoyed (2) tried (3) forget
(4) solve (5) saved (6) thought
(7) Draw
❷ (1) miss (2) written (3) taken
(4) fell (5) finished
❸ (1) ウ (2) ア (3) イ (4) ア

(解説) **❶** (1)「〜して楽しむ」は enjoy 〜ing。
(2)「〜しようとする，試みる」は try to 〜。(3)
「〜するのを忘れる」は forget to 〜。(5) save に
は「(お金を)ためる」という意味もある。(7)「(絵
の具で)絵をかく」という場合は paint を使う。

ANSWERS

❸ (1)「雨が降り始めたので，私たちは野球をするのをやめなければなりませんでした。」begin to ～ で「～し始める」。ア「泳ぐ」，イ「変える，変わる」。(2)「私は将来医者になって，病気の人々を助けたいです。」イ「見える，会う」，ウ「育つ，育てる」。(3)「父は私にかわいい犬をくれました。私はそれをマックスと名づけました。」ア make(～を…にする)の過去形，ウ sound(～に聞こえる)の過去形。(4)「ポールは私たちに悲しい話をしました[伝えました]。」イ talk(話す)の過去形，ウ say(言う)の過去形。

No. 41 形容詞・副詞(7)

❶ (1) オ (2) ウ (3) エ (4) イ
   (5) ア (6) カ
❷ (1) clean (2) dry (3) free
   (4) wonderful
❸ (1) best (2) easily (3) almost
❹ (1) イ (2) ア (3) ウ (4) ウ

解説 **❸** (1) best は good の最上級。good, close でもよい。(3) almost は「ほとんど」という意味。nearly でもよい。
❹ (1)「グラスの中には水はほとんど入っていませんでした。」little は数えられない名詞の前で使い，「ほとんど～ない」という意味。ア「多数の」，ウ「(数えられる名詞の前で)ほとんどない」。(2)「私はこの色が好きではありません。ほかのものを見せてください。」イ「ほかの」，ウ「いくつかの」。(3)「私は健よりもじょうずに歌えます。」better は well の比較級。ア「じょうずに」，イ「とても」。(4)「世界でいちばん高い山は何ですか。」ア long(長い)の最上級，イ deep(深い)の最上級。

No. 42 前置詞・接続詞(3)

❶ (1) across (2) until (3) to
   (4) for (5) around
❷ (1) along (2) over (3) if
   (4) before (5) through (6) While
❸ (1) イ (2) ウ (3) イ (4) ウ

解説 **❶** (1)「私は川を泳いで渡りました。」across は「～を横切って」。(2)「私たちは久美を2時まで待ちました。」until は「～までずっと」という意味で，動作や状態の続く期間を表す。
(3)「私は彼に会うために駅へ行きました。」(4)「恵美は7時30分に学校へ(向けて)出かけました。」(5)「彼女の歌は世界中で愛されています。」
❷ (2) across でもよい。(3)「もし～ならば」は if。(6)「～する間に」は while。
❸ (1)「その祭りは2週間後に開催されます。」この in は時間の経過を表し，「～たったら，～のあとに」という意味。(2)「ビルは私のクラスでいちばん背が高い男の子です。」場所や範囲を表す語句のときは in を使う。(3)「このカメラは4つのうちでいちばん高価です。」複数を表す語句のときは of を使う。(4)「サリーはさようならも言わずに家を出ました。」without ～ing で「～しないで」。ア「～について」，イ「～のように」。

No. 43 動詞(11)

❶ (1) explained (2) invented
   (3) returned (4) exchange (5) keep
❷ (1) mean (2) shout[cry] (3) sold
   (4) inviting (5) lost (6) seen
❸ (1) ア (2) イ (3) ウ (4) ア

解説 **❶** (5)「AをBのままにしておく」は keep A B。
❷ (6)「見られる」は受け身で表す。〈助動詞＋be＋過去分詞〉の形。see の過去分詞は seen。
❸ (1)「私は英語が得意ではないので，トムと意思を伝え合うのにジェスチャーを使います。」イ「不平を言う」，ウ「理解する」。(2)「この手紙は彼によって書かれたのですか。」ア call(電話をかける)の過去形・過去分詞，ウ ask(～をたずねる)の過去形・過去分詞。(3)「彼は野口博士についての本を読んだあと，医師になる決心をしました。」ア need(必要とする)の過去形，イ receive(受け取る)の過去形。(4)「私はあなたがすぐによくなるといいと思います。」イ「ほしい」，ウ「好きだ」。

ANSWERS

No. 44 形容詞・副詞(8)

① (1) オ (2) イ (3) ウ (4) カ
   (5) ア (6) エ
② (1) inside (2) public (3) outside
   (4) careful
③ (1) quickly (2) own (3) else
④ (1) ウ (2) イ (3) イ (4) ウ

解説　① (4)反対の意味を表す語は full(いっぱいの)。
③ (2) own は my などの所有格のあとに置いて、意味を強める働きをする。(3) else は「そのほかに」。anything のあとにくることにも注意。
④ (1)「野球は日本で最も人気のあるスポーツの1つです。」ア「多量の」、イ「もっともよい」。
(2)「そのコンサートは9時までに終わるでしょう。」ア「もうすぐ」、ウ「離れて」。(3)「私は犬を飼っていません。ネコも飼っていません。」ア「決して〜ない」、ウ「〜もまた」。(4)「部屋の中には人はほとんどいませんでした。」few は数えられる名詞といっしょに使って、「ほとんどない」という意味。ア「(a lot of で)多くの」、イ「(数えられない名詞について)ほとんどない」。

No. 45 熟語(5)・会話表現 (道案内)

① (1) イ (2) ウ (3) ア
② (1) first (2) more (3) one
   (4) able (5) proud (6) forward, to
③ (1) ウ (2) イ (3) ウ (4) ウ (5) ア

解説　① 会話の意味は次の通り。
A：すみません。(1)北駅への行き方を教えてもらえますか。
B：いいですよ。グリーン線に乗って南駅まで行ってください。(2)そこで電車を乗りかえます。
A：わかりました。(3)どの線に乗ればいいですか。
B：ブルー線に乗ってください。
② (4)「〜することができる」は be able to 〜。
(5)「〜を誇りに思う」は be proud of 〜。(6)「〜を楽しみにする」は look forward to 〜。to のあとは名詞か動詞の ing 形が続く。

③ (1)「久美は病気で寝ていたので、外出できませんでした。」be sick in bed で「病気で寝ている」。ア「本当の」、イ「本物の」。(2)「私の兄[弟]はあなたと同じくらいの背の高さです。」as … as 〜 で「〜と同じくらい…」。(3)「私は全部のスポーツの中でサッカーがいちばん好きです。」like 〜 the best で「〜がいちばん好き」。(4)「私が留守の間、犬の世話をしてください。」take care of 〜 で「〜の世話をする」。ア「持っている」、イ「する」。(5)「私は紅茶よりもコーヒーが好きです。」like 〜 better than … で「…よりも〜が好き」。イ「〜として」、ウ「〜ということ」。

No. 46 まとめテスト(5)

① (1) カ (2) オ (3) エ (4) ア
   (5) ウ (6) イ
② (1) activity (2) free (3) point
   (4) outside
③ (1) care (2) solved (3) if (4) until
④ (1) ウ (2) ウ (3) ア (4) イ (5) ア

解説　② (1) action でもよい。
③ (1)「あなた自身に気をつけて[の世話をして]ください」と考える。(2)問題を「解く、解決する」は solve。(4) till でもよい。
④ (1)「健はすべての季節の中で夏がいちばん好きです。」ア「もっと」、イ「よりよい」。(2)「私は沖縄を訪れるのを楽しみにしています。」look forward to 〜 で「〜を楽しみにする」。(3)「私はきのうその本を読み終わったので、それをあなたに貸せます。」finish 〜ing で「〜し終わる」。イ like(好きだ)の過去形、ウ try(ためす)の過去形。(4)「このタワーは50年以上前に建てられました。」more than 〜 で「〜以上、〜より多くの」。ア「多量の」、ウ「もっとも」。(5)「佐藤さんは世界中を旅します。」イ「〜の上に」、ウ「〜から」。

No. 47 総復習テスト(1)

① (1) prettier (2) practicing (3) felt
② (1) イ (2) ア (3) オ (4) キ
   (5) エ (6) カ (7) ク (8) ウ

ANSWERS

3 (1) passenger (2) culture (3) weak
(4) report (5) result (6) point
4 (1) forgot (2) remembered
(3) taught (4) spread
5 (1) children (2) better (3) made
(4) light
6 (1) between, and (2) want, future
(3) If, be[feel] (4) interested, in
7 (1) ウ (2) ア (3) ウ (4) イ

解説 1 (1)「このTシャツはあれよりもかわいいです。」than があるので比較級にする。(2)「彼はそのときピアノを練習していました。」ing 形にする。(3)「ルーシーはその知らせを聞いたとき、うれしく思いました。」過去形にする。

4 (1)(2)「忘れる」は forget で、「覚えている」は remember。(3)〈teach ＋人＋もの・こと〉で「(人)に～を教える」。過去形は taught。

5 (1)複数形にする。(2)比較級にする。good の比較級は不規則に変化して better。(3)過去形にする。make の過去形は made。(4)反対の意味を表す語にする。heavy(重い)の反対は light(軽い)。

7 (1)「A：どんな種類の映画が好きですか。 B：私はアニメが好きです。」ア「目的」、イ「点、要点」。(2)「祖母からの手紙は私をうれしくしました。」イ have(持っている)の過去形、ウ do(する)の過去形。(3)「私はたくさん宿題があったので、外出できませんでした。」ア「～ということ」、イ「あるいは」。(4)「私は脚を骨折しました。病院へ行かなければなりません。」ア「趣味」、ウ「休日」。

No.48 総復習テスト(2)

1 (1) cleverest (2) spoken (3) built
2 (1) ク (2) イ (3) オ (4) キ
(5) カ (6) ア (7) エ (8) ウ
3 (1) under (2) during (3) by
(4) in (5) among (6) with
4 (1) May I (2) Shall I
(3) Could you

5 (1) like (2) When (3) next
6 (1) Turn, right (2) given, by
(3) won, last (4) enjoyed, reading
(5) showed, few
7 (1) イ (2) ウ (3) ア (4) ウ

解説 1 (1)「私の犬は5匹の中でいちばんかしこい。」of the five があるので、最上級にする。(2)「ここでは何語が話されていますか。」speak - spoke - spoken と変化する。(3)「その博物館はいつ建てられましたか。」過去分詞にする。build - built - built と変化する。

3 (1)「彼はテーブルの下にかばんを置きました。」(2)「私は夏休みの間、中国に滞在しました。」(3)「私は5時までにそれを終わらせなければなりません。」(4)「由美はその歌を英語で歌えます。」(5)「彼女は日本の女の子たちの間で有名です。」(6)「私は毛の長い[長い毛をもった]犬を飼っています。」

4 (1)電話で使う表現。May I ～? は「～してもよいですか」。(2)「(私が)～しましょうか」と申し出るときは、Shall I ～? を使う。(3)「～してもらえますか」は Could you ～? を使う。

5 (1)「あなたの考えはおもしろそうに聞こえます」と「私はネコよりも犬のほうが好きです」。(2)「あなた(たち)はいつテニスをしましたか」と「私は若かったとき、大阪に住んでいました」。(3)「彼女は来月、日本にもどってきます」と「ビルは私の隣にすわりました」。

6 (2)「もらいました」は「与えられました」と考える。give の過去分詞 given を入れる。

7 (1)「私たちは土曜日に学校へ行く必要はありません。」don't have to ～ は「～する必要はない」という意味。ア「作る」、ウ「手伝う」。(2)「私はジュディーと同じくらい速く走れます。」as … as ～ で「～と同じくらい…」。(3)「私はこのスカートが好きではありません。(もう1つ)ほかのはありますか。」イ「ほかの」、ウ「いくつかの」。(4)「A：あなたはスポーツが好きですか、ベン。 B：はい。スケートやスキーのようなウインタースポーツが好きです。」such as ～ で「(たとえば)～のような」という意味。

ANSWERS